우리 일의 미래

우리 일의 미래

6개 분야 대표 전문가에게 듣는
우리 세계, 내 일의 전망

(#출판) (#언론) (#페미니즘) (#과학) (#생태환경) (#조경정원)

김봉찬·박진영·손희정·임소연·장일호·한미화 지음 | 출판하는 언니들 기획

메멘토

서문

'교란'하는 마음

'우리' '일' '미래'는 모두 제가 좋아하는 단어입니다. 직업이나 꿈이 아니라 '일'인 것이 중요해요. 현실에 단단히 발 딛고 있는 단어가 가진 힘이 있습니다. 먹고사는 모든 것이 일에 달려 있으니까요.

일을 잘하고 싶다는 마음은 타인에 대한 호기심으로 이어지곤 했습니다. 다른 사람들이 자기 일과 맺는 관계와 마음이 늘 궁금했습니다. 그 이야기들을 수집하면서 자연스레 저의 일하는 태도를 점검하곤 했지요. 그 과정에서 미래란 추상이 아니라 구체임을 이해하게 됐습니다.

미래는 '오늘' 시작됩니다. 미래를 이야기하기 위해서라도 현재를 정확히 알아야 합니다. 일과 미래는 모두 홀로 성취할 수 있는 것이 아닙니다. 우리, 그러니까 공동체와 연결되어 있기 때문이죠.

출판계에서 잔뼈가 굵은 '출판하는 언니들'이 '우리 일의 미래'를 주제로 릴레이 강연회를 연 것도 이와 무관하지 않을 터입니다. 2025년 2월 22일 서울생활문화센터 서교스퀘어에서 열린 강연이 이 책의 뼈대가 되었습니다.

그러나 『우리 일의 미래』를 단순히 강의를 정리해 묶은 책으로만 요약하는 것은 아무래도 섭섭한 일입니다. 삶을 걸고 자기 일과 대결해 온 사람들이 고심해 건넨 한마디, 한 문장 안에는 일터에서 보낸 지난 시간의 더께가 축적되어 있습니다.

저를 비롯한 저자들은 운이 좋게도(혹은 나쁘게도) 자기 일을 사랑하게 된 사람들입니다. 때로는 필요 이상의 마음을 오랜 시간 일에 쏟아 왔지요.

정원, 생태, 과학, 출판, 언론, 문화비평에 이르기까지 각자의 자리에서 저자들이 분투해 온 이야기가 이 안에 담겨 있습니다. 그러고 보면 성장이란 인생의 어느 한 시기에 완성되는 것이 아닌 듯합니다. 나이듦이야말로 자라는 일이라고 생각하면 매일을 더 성실하게 살고 싶어집니다.

내가 몰랐던 세상과 접속하게 만드는 이야기는 정답이 아니라 질문을 선물합니다. 질문이야말로 앎의 가장자리를 넓히는 중요한 도구지요. 질문은 어디에서 태어날까요. 저는 '교란' 속에서 자란다고 생각합니다. 각자 다른 개성을 가진 저자 여섯 명을 하나로 묶는 단어 역시 '교란'일 것입니다.

국립국어원 표준국어대사전은 교란을 '마음이나 상황 따위를 뒤흔들어서 어지럽고 혼란하게 함'이라고 정의합니다. 부정적인 뜻처럼 읽히지만, 골똘히 들여다보면 지식과 경험이 만들어지는 순간을 설명하는 말처럼 읽히기도 합니다.

저는 교란의 정의에 '보통과 평균의 범주를 흔들어 상상과 지식의 범위를 넓히는 일'이라는 뜻을 더하고 싶습니다. 아무것도 확신할 수 없는 세계에서 서로를 흔들고, 기꺼이 흔들리면서 어떤 '여지'를 만들어 가는 순간의 소중함이 교란이라는 단어 안에 숨어 있다고 믿습니다. 그런 측면에서 교란은 미래의 경계를 확장하는 단어이기도 합니다. 단어의 뜻을 깁고 더해 가며 우리는 앞으로 나아갑니다.

자연주의 정원 전문가 김봉찬은 정원을 만드는 일이 "자연이 들어올 수 있는 틈을 내는 것"이라고 말합니다. 수직적인 도시의 경계를 무너뜨리는 부드러운 교란자로서 정원의 역할을 강조합니다. 국가 생물종 연구를 담당하는 조류학자 박진영은 교란의 다른 측면을 점검합니다. "생태계의 일부"에 불과한 인간이 교란의 당사자가 되었을 때, 생물종 전체에 위협이 되기 때문입니다. 31년간 출판 생태계를 탐구해 온 출판평론가 한미화는 출판이라는 오래된 아날로그의 세계가 어떻게 확장되고 또 살아 남았는지 톺아봅니다. 출판이 가진 "변방의 급진성"에 주목하며 디지털과 인공지능(AI)으로 대표되는 '교란의 도구'가 출판을 어떤 방식으로 끌고 갈지 질문합니다. 주간지 『시사IN』 기자 장일호 역시 그 연장선에서 "공통의 상식을 만드는" 언론이 오늘날 처해 있는 위기 상황을 점검합니다. 문화비평가 손희정은 "가장 급진적인 이론이자 실천"인 페미니즘이 필연적으로 생산하는 갈등의 쓸모와 필요를 살펴봅니다. "과학의 성취보다는 과학의 일상"에 관심을 두고 있는 과학기술학자 임소연은 시민이 과학에 연루될 것을 요청합니다. 연결됨으로써 기존의 지식 체계에 도전하는 일이야말로 '교란'의 대표적인 얼굴일 것입니다.

이 모든 이야기가 완결된 것이 아니라 '과정'에 있다는 점이 정말 좋습니다. 여섯 명의 저자가 내놓은 지식이 단정적인 것이 아니라 질문이라는 점이 반갑습니다. 나 혼자 해결할 수 없으니, 함께 고민하자고 손 내미는 살가운 이야기여서 미덥습니다.

당신이 쥐고 있는 일과 세계에 대한 고민 역시 적절한 때에 우리의 질문과 만나 공동체의 미래를 도모하는 힘과 아이디어가 된다면 좋겠습니다. 책을 덮고 나서 시작될 당신의 이야기가 저는 벌써 궁금합니다.

2025년 6월
저자들을 대신하여
장일호

차례

서문 … 4

1장
이제는 땅이 원하는 정원 디자인을 해야 할 때
— 김봉찬

내 곁에서 멀어진 자연, 잃어버린 정원을 찾아서 … 18

도시에는 작고 부드러운 것이 필요하다 … 21

먼저 자연을 배우자 … 24

겸손한 정원 디자인을 위하여 … 30

미래의 정원가는 어떤 일을 해야 하나 … 40

가든보다 가드닝 … 47

Q&A

2장
기후 위기 시대에 새를 연구한다는 것
— 박진영

사라지는 동물들 … 56

멸종의 신호, 적색목록을 아시나요 … 59

생물다양성 감소의 다양한 원인 … 61

기후, 새들의 생체 시계를 망가뜨리다 … 66

결국 기후가 바꾸게 될 생태 지도 … 70

위기에 꽃핀 시민 과학 … 74

함께 기록하고 공유하며 보호한다 … 78

인류의 시작과 함께한 생물학 … 81

자연이 우리에게 준 것을 기억해야 할 때 … 84

살리는 것도 사람이 할 수 있는 일이다 … 87

Q&A

3장	책, 오래된 역사를 지녔으나 여전히 혁신적인 · · · 96
책-출판-책방, 오래된 아날로그 세계를 지킨다는 것 —한미화	작가를 탄생시킨 저작권법 · · · 101
	작가와 독자의 탄생, 뒤이어 등장한 대형 서점 · · · 105
	출판의 전문화, 전문 편집자의 등장 · · · 110
	출판 산업 시스템을 새롭게 구축한 온라인과 AI · · · 112
	AI가 쓴 소설의 저작권에 대한 물음 · · · 113
	이미 한참 전에 시작된 개인 출판 시대 · · · 119
	이미 한참 전에 시작된 온라인 유통 시대 · · · 121
	그러나, 그럼에도 단 한 순간도 사라진 적 없는 책 · · · 126
	Q&A
4장	대한민국에 언론사가 몇 군데나 있을까 · · · 138
나와 당신을 연결하는 미래의 뉴스 —장일호	망했는데, 왜 그렇게 됐는지 알아야 했다 · · · 142
	뉴스를 '잘' 읽는 방법 · · · 148
	'따옴표 저널리즘'을 넘어 '솔루션 저널리즘'으로 · · · 153
	우리는 모두 '좋은 사람'이 되고 싶어 한다 · · · 156
	"사실을 수집하는 데는 아주 많은 돈이 듭니다" · · · 162
	Q&A

5장
'좋아요' 너머의 페미니즘
—손희정

파국에 대한 응답-능력 … 172

이들이 정말 '새로운' 시민인가 … 176

정체성 각성 그리고 '박탈'이라는 내러티브 … 180

당신들과 기꺼이 연대하겠다는 어떤 정체성 정치 … 185

페미니즘 리부트와 페미니즘 제4물결 … 192

디지털 고어 자본주의 … 197

페미니스트의 미래 또는 페미니즘의 미래? … 203

Q&A

6장
인류 최고의 과학기술은 아직 오지 않았다
—임소연

과학을 좋아하시나요? … 212

과학의 관광지에서 과학의 일상으로 … 217

과학을 옹호하는 만큼, 과학을 비판하는 만큼 … 223

비판과 옹호를 넘어 인류 최고의 과학을 만드는 일 … 228

인류 최고의 과학을 만들 시민에게 보내는 초대장 … 234

Q&A

기획의 변 … 246

일러두기

- 이 책은 2025년 2월 22일 서울생활문화센터 서교스퀘어에서 저자 6인이 같은 제목으로 릴레이 강연한 내용을 바탕으로 만들었다. 강연과 책을 기획한 '출판하는 언니들'은 여성 1인 출판사 다섯 곳(가지, 메멘토, 목수책방, 에디토리얼, 혜화1117)의 대표인 박희선, 박숙희, 전은정, 최지영, 이현화가 함께하는 연합 모임이다.

- 각 장 말미의 Q&A는 릴레이 강연장에서 관객들로부터 받은 질문을 바탕으로 재구성했다.

- 저자와 기획자, 강연장 스케치 사진 등은 모두 최성열 사진작가가 촬영했다. 출처를 표기하지 않은 본문 사진과 도해는 모두 저자가 제공했다.

- 인명과 서명은 처음 나올 때 괄호 안 원어 병기를 원칙으로 삼았다. 다만 이미 널리 알려진 경우는 생략했다. 시대적 맥락이 필요한 경우 생몰년을 함께 표기했다.

- 책 제목, 잡지, 일간지, 주간지 이름은 『 』로, 연극, 영화, 방송, 미술 작품의 제목은 〈 〉로 표시했다.

1장

이제는 땅이 원하는
정원 디자인을
해야 할 때

김봉찬

66

인간의 욕망이 들끓는 듯한 정원을 가끔 봅니다. 화려한 꽃, 진귀한 수목이 가득해도 이런 욕망의 공간은 감동을 주지 못합니다. 가장 아름다운 자연 풍경은 인간이 아무것도 하지 않은 곳에서 만날 수 있습니다. 정원 디자인은 지구가 왜 아름다운 땅인지, 그 본질적인 아름다움이 무엇인지 아는 데서 시작됩니다. 우리는 지금 '땅이 원하는 디자인'이 무엇인지부터 질문하고 있는지 돌아봐야 합니다. 사람이 원하는 것이 아니라 장소가 원하는 것이 무엇인지 묻는 데서 시작해야 합니다.

    정원을 만드는 일이란 자연이 들어올 수 있는 틈을 만드는 겁니다. 가장 중요한 공간에 자연을 창조하는 일입니다. 아직까지 우리에게 정원은 건축과 조경을 위한 부수적인 것, 건물의 가치를 올리고 장식하는 공간으로 많이 인식되고 있습니다. 하지만 건축, 조경, 정원은 하나이며 사실 어떤 장소의 '심장', 즉 가장 중요한 곳에 자연을 들여야 합니다. 도시 재생의 성패가 바로 여기에서 갈립니다. 풀 한 포기, 나무 한 그루가 가진 고유의 품격이 살아나면 도시가 아름다워질 수 있습니다. 땅이 원하는 정원 디자인이란 결국 공존을 모색하는 일이기도 합니다.

99

김봉찬, 한국을 대표하는 자연주의 정원 전문가

정원가. 식물학을 전공하고 여미지식물원, 평강식물원 등에서 일했으며 2007년에 (주)더가든을 설립한 뒤 다양한 자연주의 정원을 선보이고 있다. 우리나라의 대표적인 생태·자연주의 정원으로 꼽히는 제주 베케 정원, 아모레성수 정원, 시호재 정원 등이 대표작이다. 『자연에서 배우는 정원』, 『베케, 일곱 계절을 품은 아홉 정원』 등의 (공)저서가 있다.

내 곁에서 멀어진 자연, 잃어버린 정원을 찾아서

지금 우리가 보는 콘크리트 건물로 가득 찬 도시는 100년 전까지만 해도 그냥 농사짓는 땅이거나 초지 아니면 숲이었습니다. 과거에는 성 밖으로 나가면 다 야생이었어요. 성안에서도 사람들이 농사지으며 살았으니, 기본적으로는 자연과 함께 자연 속에서 살았다고 할 수 있지요. 하지만 산업혁명이 일어나고 도시화가 급속히 진행되면서 자연이 우리 곁에서 점점 멀어졌습니다. 이제 고향 같은 자연을 만나려면 자연이 있는 곳을 애써 찾아가야 합니다.

사실 1970년대까지만 해도 집마다 정원이 있었습니다. 작은 마당에 텃밭을 만들고 예쁜 꽃이 피는 식물도 기르며 살았지요. 그때는 보릿고개가 있고 지금보다 어려웠잖아요. 밥도 굶는 시대였지만 사람들의 삶에 '꽃'이 있었습니다. 제가 살던 서귀포만 해도 사루비아(*Salvia*)로 알려진 깨꽃을 비롯해 산철쭉, 장미 등 새로운 식물이 계속 육지에서 제주도로 들어와서 정원 식물의 다양성 면에서는 그때가 지금보다 훨씬 더 나았던 것 같아요. 하지만 새마을운동이 시작돼 신작로가 깔리고, 마당이 다 콘크리트로 덮이면서 저마다의 소박한 정원이 사라졌지요. 사람들은 이렇게 변해야 삶이 더 안락하고 행복해진다고 생각했습니다.

40대에 압록강 근처에 갈 일이 있었어요. 다 쓰러져 가는 조선족의 집에서 제가 어렸을 때 보던 마당 풍경을 만났습니다. '이 사람들은 자기 생활공간에서 다양한 식물을 계속 키우고 있구나, 이게 우리가 잃어버린 정원이구나' 하는 생각이 들더군요. 그 '잃어버린 정원'을 바로 아파트 화단이나 공원이 대신하게 됐지요. 하지만 우리가 찍어 내듯 비슷하게 만드는 이런 공간은 마음 둘 만한 곳이 못 됩니다. 사람 마음을 자연스럽고 부드럽게 풀어 줄 수 있는 뭔가가 없달까요?

도시에 사는 우리 주변의 자연은 아파트 화단, 작은 정원, 큰 공원이지요. 이런 도심 속 녹지를 자세히 들여다보면 지금 우리 곁의 자연이 어떤 모습인지 알 수 있습니다. 나무는 점점 커지는데, 나무가 자라는 땅은 점점 사막 같아집니다. 과연 이런 모습이 온전한 조경, 아름다운 정원이라고 할 수 있을까요? 저는 이런 풍경을 '죽어 가는 숲'이라고 말하고 싶습니다.

원래 자연은 가만히 둬도 불모의 땅이 초원을 거쳐 종 다양성이 아주 큰 극상림으로 자연스럽게 나아갑니다. 지구의 자연은 지금까지 그랬어요. 하지만 우리가 만드는 녹색 공간의 나무들은 어떤가요? 시간이 지나면 나무가 굵어지기는 하는데, 과연 온전히 살아 있는 공간이라고 할 수 있을까요? 다양한 생명이 공생하는 장일까요?

서울숲의 하층 '무식생' 지역.
시간이 지나면서 나무는 커져도 나무의 하층부는 식물이 살지 못하는 죽은 땅으로 변해 가는 현상이 많이 나타난다. 공원을 조성할 때부터 하층 식생에 대한 배려가 필요하다.

도시에는 작고 부드러운 것이 필요하다

20세기에 비해 오늘날 정원과 원예의 트렌드가 완전히 바뀌었습니다. 이제 사람들은 정원이 자연을 닮아야 한다, 정원이라는 공간에 자연의 원리가 살아 있어야 한다고 말합니다. 자연 속에서 살아왔으며 자연의 일부인 우리가 이렇게 생각하는 것은 어쩌면 당연합니다.

도시에 사는 우리는 흔들리지 않고 경직된 것 주변이 자연의 현상에 쉽게 반응하는 것들로 채워졌을 때, 이를 보고 자연스럽다고 느낍니다. 답답하고 감옥 같은 도시의 구조체들 사이에서 이런 '자연스러움'을 느끼고 싶어 합니다. 콘크리트 건물 아래나 보도블록 사이에서 바람에 흔들리고, 햇빛을 받아 반짝이고, 끊임없이 모습을 바꾸는 풀 한 포기를 상상해 보세요. 우리는 바로 그 작고 보잘것없는 풀을 보고 감정이 달라집니다. 저는 여러 의미에서 점점 더 삭막해지는 우리 시대에 바로 '자연을 향한 반응'을 이끌어내는 정원이 필요하다고 생각합니다.

사람들은 눈이 오거나 벚꽃 잎이 떨어지는 모습을 보고 아름다움을 느껴요. 모든 공간을 신비롭게 하는 힘은 대단한 것이 아닙니다. 사람들은 작고 부드러운 것에 반응합니다. 도시에는 이런 것이 필요합니다. 운동회를 할 때 왜 만국기를 걸까요? 만국기가 부드럽게 펄럭이는 것이 중요합니다. 늘 보던 공간도 바람에 반응하는 깃발 하나로 순식간에 축제의 장이 되지요. 나무와 풀을 심는 것만으로도 이런 일이 가능합니다. 형체가 생겼다 사라지고,

면이 강조되는 건축물, 길, 자동차 등이 나무줄기의 선, 잎, 꽃 같은 작은 점과 조화를 이룰 때 더욱 편안하고 자연스러워진다.

점이 나타나서 많아졌다 다시 사라지고, 선만 남거나 아기처럼 아주 특별한 여린 점이 생기기도 하지요. 인공적인 것은 이렇게 예상할 수 없는 변화의 느낌을 주기 어렵습니다. 자연주의 정원은 사람들이 공간에서 충족하고 싶어 하는 기본적이고 본질적인 욕구와 잘 맞아떨어집니다.

사람의 마음을 자연스럽게 풀어 주는 정원은 기후 문제를 비롯해 여러 사회문제의 해법과도 결부되고 있습니다. 이제 우리에게서 멀어져 가는 자연을 아는 일, 그 자체가 중요해진 시대가 됐습니다. 그동안 우리가 자연을 너무 아프게 했기 때문이지요. 야생을 몰아낸 인간의 도시가 지금도 계속 확장하고 있습니다. 원래 이 땅의 주인이던 자연의 생명은 사람 때문에 사라지거나 도망갔습니다. 피신한 것이지요. 이제 아주 작은 녹지라도 그곳에 어떻게 야생을 담을지 고민해야 합니다. 그것이 바로 지금 위태로운 지구에 사는 사람들의 의무가 됐습니다. 건축법과 여러 조례를 통해 집을 지을 때 녹지 비율이나 심어야 할 나무의 양을 정해 놓기도 하지 않습니까? 얼마 안 되는 녹지를 그저 장식용 공간으로만 쓰려고 하면 인간으로서 최소한의 의무를 다하지 못하는 겁니다.

인간이 계속 생존하려면 자연을 더 아프게 해서는 안 됩니다. 자연을 먼저 이해해야 하고, 자연이 우리 도시에 다시 제 모습 그대로 들어오게 해야 합니다. 정원은 우선 야생의 집이 되고, 그 안에서 '아름다움'을 느낄 수 있도록 예술성을 입어야겠지요. 이런 자연주의 정원이야말로 앞으로 우리에게 더 필요한 공간이 될 겁니다.

먼저 자연을 배우자

인간의 욕망이 들끓는 듯한 정원을 가끔 봅니다. 화려한 꽃, 진귀한 수목이 가득해도 이런 욕망의 공간은 감동을 주지 못합니다. 가장 아름다운 자연 풍경은 인간이 아무것도 하지 않은 곳에서 만날 수 있습니다. 정원 디자인은 지구가 왜 아름다운 땅인지, 그 본질적인 아름다움이 무엇인지 아는 데서 시작됩니다. 우리는 지금 '땅이 원하는 디자인'이 무엇인지부터 질문하고 있는지 돌아봐야 합니다. 사람이 원하는 것이 아니라 장소가 원하는 것이 무엇인지 묻는 데서 시작해야 합니다.

우리에게 필요한 정원의 모습을 이야기하려면 원래 땅이던 자연의 모습부터 이해해야 합니다. 생태계의 원리를 알아야 합니다. 추구해야 할 미래 정원의 모습이 거기 있으니까요. 저는 정원 자체가 '야생의 집', '자연을 배우는 창'이 되어야 한다고 생각합니다. 야생과 같은 곳이 될 수는 없지만, 가능한 한 다양한 생명이 들어와 인간과 함께 살 수 있는 공간을 만들어야 합니다.

그럼 최소한 농약은 치면 안 되겠지요. 자연의 초원과 숲에는 농약을 뿌리지 않습니다. 인공적으로 거름을 쓰지도 않고 풀을 뽑아 주지도 않습니다. 하지만 아무것도 하지 않아도 아름답습니다. 자연의 질서가 만들어 낸 생태적 균형 때문에 아름다운 겁니다. 자연은 매우 복잡하지만 질서와 힘의 균형이 존재하는 세계입니다. 인간을 포함해 지구상의 모든 존재가 자연의 힘에 지배받으며 서로 얽혀 있고, 이 엄격한 질서 체계에 순응하는 과정에 있지요. 이

자연의 힘이 균형점을 찾을 때 우리는 안정된 상태를 만나고, 이 상태가 정서적으로 편안함을 주고 아름다움을 느끼게 합니다.

잡초 이야기부터 해 보겠습니다. 잡초는 지구를 지키는 생명입니다. 잡초가 없으면 큰일 납니다. 잡초는 산사태가 일어나거나 불이 나면 제일 먼저 그 불모의 땅에 자리 잡아 다른 식물이 살아갈 수 있도록 기반을 만들어 줍니다. 흙을 꽉 붙잡고 안정시키죠. 잡초가 죽으면 땅에 유기물이 되어 쌓이기 때문에, 다른 식물이 이곳에 들어와 잘 살아갈 수 있습니다.

잡초는 '개척자 식물'입니다. 잡초는 늘 문제 있는 땅을 보고 '지구가 아프구나, 내가 가서 도와줘야겠네' 하고 생각합니다. 하지만 농사짓고 정원을 가꾸는 사람에게 잡초는 당장 눈엣가시 같은 존재라, 제초제를 써서 손쉽게 죽여 버리는 일을 반복합니다. 최근에는 화학비료나 농약 대신 유기물을 이용하는 유기농이 주목받고 있습니다. 이와 마찬가지로 정원도 유기 정원이 되어야 합니다. '함께 사는 것'이 중요하기 때문입니다.

우리는 '해충 박멸'을 위해 너무 쉽게 살충제를 뿌립니다. 사실 해충은 다른 말로 '초식 곤충'입니다. 벼를 갉아 먹고 사과나무를 파먹는 초식 곤충. 초식을 하는 소나 말 같은 동물은 좋아하는 사람이 많은데, 곤충은 '해충'이라는 이름을 붙이고 미워합니다. 그러나 이 초식 곤충이 없어지면 심각한 문제가 생깁니다. 지구상에서 다양성이 가장 큰 생물인 곤충이 없다면 인간도 살 수 없습니다.

이번에는 초원으로 가 볼까요? 제주도 오름에 가면 풀을 뜯어 먹는 소를 가끔 볼 수 있습니다. 풀로서는 소가 매일 나를 먹어 치우는 동물입니다. 내가 풀이라면 소가 엄청 싫을 것 같은데, 사실 소가 없으면 초원이 곧 숲으로 변해 버립니다. 풀이 살 곳이 없어진다는 뜻입니다. 초원에는 억새를 비롯해 온갖 풀이 빽빽하게 있습니다. 이런 풀은 소에게 뜯겨야만 더 잘 살 수 있는 조건이 만들어집니다. 소가 풀을 뜯을 때 풀 밑에서 자라는 어린 나무도 같이 뜯기기 때문이죠.

풀 종류는 소에게 뜯겨도 아주 빨리 회복하지만, 나중에 숲을 이룰 나무는 회복력이 느립니다. 천천히 살아나죠. 초지가 숲이 되지 않고 초지로 유지되는 것은 이 회복력의 차이 때문입니다. 바로 풀을 먹는 소 때문에 초원이 초원답게 유지될 수 있어요.

제주도는 얼마 전까지만 해도 너른 초원이 많았습니다. 1970년부터 산림청이 불을 못 내게 해서 지금은 빠르게 숲이 되고 있지요. 초원이 사라지니까 초원에서 자라는 식물도 사라지고 있습니다. 내륙에는 없는 갯취, 피뿌리풀, 구름체꽃같이 제주에서 주로 볼 수 있던 자생식물의 집단 서식지가 사라졌어요. 초원이 사라진다는 것은 초원에서 삶을 이어 가는 초식동물들이 사라졌다는 뜻도 됩니다. 초식동물은 초원이 숲으로 변해 가는 속도를 늦추고, 초원에서만 사는 다양한 풀이 살아가게 해 주지요. 천연림의 면적이 커지면 당연히 좋은 일이지만, 지금 우리의 상황상 종 차원의 보존은 어느 정도 관리가 필요합니다.

제주 곶자왈에 들어가서 덤불숲을 보고 있으면 뭔가 되게 복잡하고 혼란스럽다고 느낄 수 있습니다. 이 속에서 어떤 생명은 죽고 어떤 생명은 탄생하며 경쟁하고 도태되는 일이 벌어지지요. 하지만 덤불 밑을 들여다보세요. 지면은 이미 편안하고 아름다워지기 시작했습니다. 이 사춘기 같은 시기를 지나면 숲이 공존을 향해 갑니다.

혼돈과 질서는 별개의 과정이 아닙니다. 혼돈은 언제나 질서로 가는 과정에 있어요. 우리가 살아가는 지구와 숲이 왜 아름다운지를 이해하면 우리가 만드는 정원도 공존의 공간으로 만들어 갈 수 있고, 우리는 그 속에서 편안함을 얻을 수 있습니다.

생태계를 '약육강식'이라는 틀로만 보면 안 됩니다. 천적, 경쟁, 먹고 먹히는 '먹이사슬'은 그렇게 단순한 관계가 아닙니다. 초원에서 자라는 억새의 씨는 천적인 소가 다가와야만 다음 생을 이어갈 수 있습니다. 억새가 천적의 몸에 자기 아이를 딱 붙여서 멀리 퍼지게 하지요. 민들레는 씨가 바람을 타고 날아가서 어딘가에 떨어집니다. 빈 땅을 찾아가서 생을 이어 가기가 확률적으로 쉽지 않지요. 그런데 소를 만난 억새 종류는, 소에게 먹히기도 하지만 씨가 소의 몸에 붙어 다시 초원으로 갈 확률이 아주 높아집니다. 어쩌면 억새가 속으로 제발 나 좀 뜯어 먹으러 오라고 하고 있을지도 모릅니다.

자연에서 맺어지는 관계를 조금 비틀어 볼 필요가 있습니다. 어느 것 하나 일방적이지 않으니까요. 서로 먹고 먹히는 관계에서 끝나지 않고 우리가 잘 인식하지 못하는 '공생의 관계'로 연결된 곳, 바로 자연입니다.

제주의 오름과 중산간 억새 초원은 불 놓기나 방목 같은 인위적인 교란으로 만들어졌다. 인위적인 교란이 없다면 초원은 결국 숲으로 변한다.

제주도 왕이메오름. 자연은 매우 복잡해도 여러 힘이 균형을 이루고 있는 세계다. 혼돈은 질서를 위한 과정일 뿐이다.

감나무 이야기도 해 보겠습니다. 감은 막 열리기 시작할 때 먹으면 아주 떫습니다. 우리가 감을 먹고 싶다고 해도 아무 때나 먹을 수는 없죠. 감나무가 이제 내 열매를 먹어도 된다고 신호를 보냈을 때만 먹을 수 있어요. 열매가 무르익었을 때 비로소 떫은 타닌 성분이 사라지고 당도가 높아집니다. 이때가 되면 새가 날아와 감을 먹습니다. 새는 감나무에게 아주 고마운 존재입니다. 새는 이가 없어요. 그러니 익은 감을 통째로 꿀꺽 삼켜 버리죠. 이렇게 새의 배로 들어간 감의 씨는 소화되지 않습니다. 새가 날아간 어딘가에 배설물로 떨어지게 마련이지요. 스스로 움직이지 못하는 감 씨가 새를 타고 날아간 아주 새로운 곳에서 삶을 시작할 수 있게 되는 겁니다. 감은 다 익고 오랫동안 나무에 매달려 있어도 썩지 않습니다. 다만 발효가 일어나지요. 새가 오래된 감도 먹을 수 있다는 뜻입니다. 감의 씨가 멀리 퍼질 확률도 더 높아지겠죠.

세계적인 정원가 피트 아우돌프(Piet Oudolf)가 뉴욕의 '하이 라인(the High Line)'이라는 곳을 디자인했습니다. 시간이 흐를수록 여기에서 풀도, 새도, 곤충도 자연적으로 늘어나는 중이라는 조사 결과가 있어요. 자연스럽게 종 다양성이 커지는 겁니다. 사람이 만든 정원도 또 하나의 자연입니다. 정원을 만들면 그 안에 다양한 생물종이 모여들어요. 정원이나 농지에 한 종류 식물이나 몇 종류 안 되는 식물을 대량으로 심어서 문제가 생기는 경우를 많이 봅니다. 사실 벼농사도 그렇습니다. 간단하게 생각해 보면 벼만 심으니까 벼멸구 같은 곤충이 생기는 겁니다.

다양한 생명이 조화롭게 살 수 있는 정원. 서울, 뉴욕, 런던 같은 도시에 이런 정원을 만들려면 어떻게 해야 할까요? 지금 정원가들에게 주어진 고민거리입니다. 하이 라인은 우리가 서울에 녹지 공간을 만들 때 생각해야 할 것을 알려 줍니다. 우리 같은 정원가가 할 일은 뭘까? 역시 야생과 사람이 공존하는 공간을 만드는 일이 아닐까 싶습니다. 미래의 정원은 도시에서 다양한 생명이 숨 쉴 수 있게 허파 구실을 해야 하고, 미래 세대에게 자연의 가치를 알려 주는 교과서 같은 곳이 되어야 합니다.

겸손한 정원 디자인을 위하여

우리 주변에서 흔히 볼 수 있는 아파트나 공원의 조경이 감동을 주지 못하는 이유가 뭘까요? 아파트 입구나 콘크리트 벽을 배경으로 커다란 팽나무가 서 있는 모습을 본 적이 있을 겁니다. 저는 아파트 조경에 쓰인 팽나무를 볼 때마다 우리에 갇힌 사자가 떠오릅니다. 몸은 사자인데 눈은 알파카 같은 사자.

비싸고 큰 나무를 심는 것이 능사는 아닙니다. 제주도에서 팽나무는 아주 특별한 나무입니다. 거센 바람을 온몸으로 끌어안으며 들판에서 살아가는 나무죠. 참 좋은 나무인데, 아파트 단지에 들어가 있으면 참 볼품없습니다. 아파트 주민이 그 팽나무를 보고 싶은 생각이 딱히 안 생기고, 봐도 마음이 움직이지 않습니다. 팽나무도 맹수와 같아요. 어울리는 공간에 있어야 그 나무답게 보입니다. 내가 원하는 식물을 심는 게 아니라, 식물이 살아갈

우리에 갇힌 맹수 같은, 아파트 단지 속 커다란 팽나무.

장소가 원하는 디자인을 해야 합니다.

우선 앞에서 말한 것처럼 물질이 안정적으로 순환할 수 있는 '땅이 원하는 디자인'이 어떤 것인지 생각해야겠지요. 그다음에는 '장소가 원하는 풍경'을 고려해야 합니다. 생물은 물론이고 돌, 흙, 물 같은 무생물에도 품격이 있고 특정 장소에 어울리는 최적의 조합이 있습니다. 장소는 늘 바뀝니다. 특정 장소에 들어오는 빛과 어둠, 바람이 시시각각 달라져요. 그래서 저는 정원을 만들려는 사람들에게 그 장소에 100번쯤 가 보라고 말합니다. 언제나 현장에 답이 있지요. 장소에 있는 특별한 가치를 찾아내는 일이 바로 조경 예술입니다.

신비롭고 멋진 장소를 만들려면 장소의 잠재력을 찾아야 합니다. 지구는 흙덩어리, 무생물의 집합체입니다. 하지만 아름다운 질서가 있지요. 모든 것이 힘의 균형을 잘 맞춰 존재하는 상태가 곧 아름다움입니다. 도시도 지구의 표피에 해당합니다. 당연히, 같이 있으려면 어떻게 해야 할지 고민해야죠. 땅이 원하는 식물을 심는다는 건 바로 이런 고민에서 출발합니다.

저는 늘 나대지 않는 '겸손한 디자인'을 말합니다. 겸손한 형태로 이루어진 공간은 늘 아름답고 편안한 느낌을 주며 사람들의 마음을 치유하는 힘이 있습니다. 큰 건물 주변은 식물을 심을 공간이 마땅치 않습니다. 비어 있는 공간은 작은데 나무를 심어야 할 때 이곳에 알맞은 '겸손한 형태'가 뭘지 생각합니다. 달리 말하면 강약에 관한 이야기, 음양에 관한 이야기이기도 합니다. 큰 것 옆에는 부드럽고 작은 것이 필요한데, 똑같이 대단하고 크고 강한 것을 넣으면 불편해집니다. 강한 것 옆에 또 강한 것이 이어지는 풍경을 도시에서는 많이 볼 수 있습니다.

사람은 건물도 덩어리, 길도 덩어리, 나무나 풀도 덩어리로 인식합니다. 저는 개체의 아름다움은 곧 자기를 지키는 힘이라고 생각해요. 그 힘은 '덩어리'로 있어야 나옵니다. 그래야 힘을 유지할 수 있어요. 모든 덩어리가 힘을 갖고, 그 힘과 다른 힘이 관계를 맺으면서 균형을 이루는 곳이 아름다운 곳입니다. 강한 것 옆에는 부드럽고 약한 것이 있어야 합니다. 강한 것이 약한 것을 지켜 주고, 약한 것이 강한 것을 부드러운 느낌으로 풀어 주며, 강한 것 옆에 부드럽고 작고 가냘픈 것이 있을 때 편안해집니다. 강한 것과 약한 것이 서로 기대어 배려하는 모습, 저는 이런 모습을 '겸손하다'고 표현합니다.

별것 없어 보이는 초원에 들어갔다가 할미꽃이 핀 것을 보았다고 가정해 봅시다. 한 송이만 있어도 강한 대비감 때문에 그 꽃이 특별해집니다. 또 시든 것이 있어야 생생한 것이 더 강조돼요. 시들어 버린 풀에서 파랗게 올라오는 새순이 강렬한 느낌을 주는 이유입니다.

2004년에 건축가 유동룡(예명 이타미 준)이 설계한 제주 비오토피아의 수풍석뮤지엄 조경 작업에 참여했습니다. 당시 조경에서는 풀을 잘 쓰지 않았지만 과감하게 우리에게 익숙한 볏과식물인 '띠'를 썼어요. 아주 명료하고 확고한 건물의 강한 느낌을 흔들리는 띠로 풀어 주고 싶었습니다.

2004년에 공개된 제주 비오토피아 생태 공원. 명료한 물미술관의 경관을 바람에 흔들리는 띠가 부드럽게 풀어 준다.

　　저는 어렸을 때 띠 순을 뽑아 먹은 기억이 있습니다. 제주도에는 띠밭이 엄청 많았어요. 띠로 초가지붕을 이었지요. 띠가 아주 질기거든요. 제주의 비바람을 이길 수 있는 식물은 띠밖에 없어요. 하지만 자연에서 띠가 군락을 이루며 살지는 않아요. 띠밭은 사람이 만들어야 하죠. 인공적인 띠밭을 유지하려면 다른 풀을 잘라 내야 하고요, 1년에 한 번은 전체적으로 마른 띠를 잘라야 합니다. 그럼 띠밭에서 새순이 삐죽삐죽 올라와요. 이걸 뜯어 먹었지요. 이 띠가 여름에 무성해지고 꽃이 핀 뒤 가을이 돼 누렇게 변한 잎으로 초가지붕을 엮는 겁니다. 가을에 누런 잎이 비를 맞아 쓰러진 모습이 제 눈에는 아주 아름다운 풍경으로 보였어요. 풀은 비가 오면 겸손해지지요. 그래서 수풍석뮤지엄 작업에서 그 풍경을 만들어 보겠다고 생각했습니다.

공간을 자연스럽고 신비롭게 하는 것은 특별하지 않다. 안개처럼 부드러운 점이나 시든 풀처럼 보잘것없고 작고 부드러운 것이다.

장소가 원하는 디자인을 고민하며 작업한 시호재 정원. 주변의 산, 건축이 보여 주는 선과 조화를 이루려면 분화구처럼 파낸 땅의 우아한 곡선과 흐릿한 풀의 선이 있어야 한다고 생각했다.

2019년에 문을 연 아모레성수 정원. 카센터이던 곳을 정원으로 조성했으며 서울 도심에서도 얼마든지 야생과 공존하는 자연주의 정원이 생길 수 있다는 것을 보여 준다.

지면보다 낮게 판 베케뮤지엄은 이끼정원과 빗물정원의 모습을 '겸손한' 자세로 바라보도록 설계했다. 사계절은 물론 비, 바람, 빛, 이슬 등 자연의 힘으로 이루어지는 변화를 온전히 담고 있다. 정원은 사색과 묵상에 좋은 장소가 될 수 있다.

2023년에 작업한 경북 칠곡의 시호재 정원 이야기도 좀 해 보겠습니다. 산과 집 그리고 땅은 따로 떨어져 있지 않습니다. 저 멀리 보이는 산 아래에 자리 잡은 집은 산의 선을 닮았고, 집이 품은 정원의 땅도 산의 연장선에 있지요. 시호재 정원은 못을 중심으로 움푹 들어가 있는데, 사람들이 이곳 풍경을 보며 산속을 떠올리게 됩니다. 이런 것이 장소가 원하는 디자인이 아닐까요? 사람이 자연의 힘이 만들어 낸 결과물과 영 딴판을 만들어 내면 조화로운 느낌이 들 수 없습니다.

제주 베케 정원에 처음 오신 분이 베케뮤지엄에 들어가 탄성을 지르는 경우가 많습니다. 화폭처럼 펼쳐진 유리 벽 뒤로 제주의 숲을 옮겨 놓은 듯한 풍경이 보이기 때문입니다. 이끼정원에는 바람길이 있고, 빛과 어둠이 교차하는 통로도 있습니다. 인간이 지은 건물도, 정원에 놓인 돌무더기도 저마다 잠재력을 발휘합니다(땅을 일굴 때마다 나오는 크고 작은 돌을 쌓아 둔 돌무더기를 제주어로 '베케'라 합니다). 세상에 존재하는 모든 것이 아름다울 수 있습니다.

미래의 정원가는 어떤 일을 해야 하나

정원을 만드는 일이란 자연이 들어올 수 있는 틈을 내는 것입니다. 가장 중요한 공간에 자연을 창조하지요. 아직 우리는 정원을 건축과 조경을 위한 부수적인 것, 건물의 가치를 올리고 장식하는 공간으로 많이 인식하고 있습니다. 하지만 건축과 조경과 정원은 하나이며 자연은 어떤 장소의 '심장', 즉 가장 중요한 곳에 들여야 합니다.

도시재생이 실패하는 이유가 바로 이걸 못한다는 데 있어요. 풀 한 포기, 나무 한 그루가 가진 고유의 품격이 살아나면 도시도 아름다워질 수 있습니다. 땅이 원하는 정원 디자인이란 결국 공존을 모색하는 일이고, 미래의 정원가는 우선 사람과 야생을 위한 공간을 만들어야 합니다.

야생의 집을 짓는 일이 중요한데, 정원가는 이 공간을 어떻게 하면 '아름답게' 만들 수 있을지도 고민해야 합니다. '정원 예술(garden art)'의 영역에 들어가는 정원을 만들어야 합니다. 앞에서 작고 부드러운 것을 위한 자리를 강조했는데, 우리에게는 이런 것들을 통해 빛·바람·물의 변화를 극적으로 느낄 수 있는 정원이 필요합니다. 과거에는 예술가에게 의뢰한 작품을 정원이나 조경 공간에 집어넣고 정원과 잘 맞으면 그것을 '가든 아트'라고 했어요. 하지만 아닙니다. 정원에서 사람들이 반응하게 해야 진정한 가든 아트죠.

정원가는 바람 불 때 흔들리고, 비가 오면 물이 머물다 가게 하고, 빛이 들어오면 들어오는 대로 어두우면 어두운 대로 사람들의 반응을 이끌어 낼 수 있는 최고로 아름다운 지점을 고민하는 사람이어야 합니다. 쓸모없어 보이는 모퉁이나 자투리 공간의 가치를 찾아내는 일, 장소의 잠재력을 찾아내는 일이 정원가가 할 수 있는 예술적인 행위입니다. 정원가는 오후 3시부터 5시 사이 다른 모퉁이에 비해 컴컴한 공간의 어둠을 오히려 최고의 매력으로 느끼게 할 디자인을 고민해야 합니다. 빛이 안 들어 어두우니까 싫다, 이렇게 생각하면 그 공간을 최고로 만들 수 없습니다.

2000년부터 해마다 런던 서펜타인갤러리 마당에는 영국에서 건물을 지은 적 없는 건축가들 가운데 선정된 한 사람의 작품이 전시되고 시민을 위한 공간으로 쓰이는데, 2011년에는 스위스의 세계적인 건축가 페터 춤토르(Peter Zumthor)가 설계한 파빌리온이 지어졌습니다. 이 건물에 있는 정원 디자인을 피트 아우돌프가 맡았지요. 두 거장이 만든 공간에서 사람들은 긴 처마 밑 어두운 쪽에서 빛이 들어오는 정원을 볼 수 있습니다. 건물의 어두운 부분이 식물을 빛나게 하고, 이 식물이 다시 건물을 빛나게 해 줍니다. 정원을 만들 때 빛과 어둠을 잘 이용하는 것이 얼마나 중요한지를 증명한 공간입니다.

싱가포르에는 가든스바이더베이(Gardens by the Bay)라는 정원이 있습니다. 대표적 관광지인 마리나베이 해변에 유리와 철골로 만들어진 이 온실은, 기둥 없는 건물 중 세계에서 가장 큰 규모로 유명하지요. 보통 온실을 지은 다음 식물을 넣어서 정원을 만든다고 생각합니다. 그런데 저는 이 정원을 보자마자 원래 숲이 있던 땅에 건물을 만들어 덮었다는 느낌을 받았어요. '저 고사리가 있는 원시림 같은 풍경이 이곳의 본모습일 거야.' 이런 느낌을 받은 것은 식물이 자리 잡은 지면을 사람이 다니는 곳보다 낮췄기 때문입니다. 이곳을 보는 사람들은 시커멓게 보이는 낮은 부분에 시선을 두면서 이 정원의 끝이 어디일지를 생각하게 됩니다. 어둠이 경계를 지우고 깊이를 알 수 없게 해서 '공백'처럼 보이는 공간을 만들어요. 이게 바로 정원가가 하는 일입니다.

서울에서 '피크닉'이라는 복합 문화 공간의 정원을 만들 때 주차장 부근 폭이 1미터밖에 안 되는 곳에 좀새풀을 심었습니다. 꽃이 아주 작고, 부드럽게 흔들리면 마치 안개가 낀 것처럼 사물을 흐릿하고 신비하게 만들어 주는 식물이죠. 차를 아예 안 보이게 뭔가로 막는 대신 이렇게 작고 부드러운 것을 들여놓으면 가리려던 공간이 오히려 특별해질 수 있습니다. 인공적인 것과 자연물이 부딪치고 합쳐지면 둘 다 살아납니다. 이게 바로 공생이죠.

자연을 이루는 모든 것은 점·선·면으로 구성되어 있습니다. 아무리 복잡해 보여도 점·선·면으로 귀결되지요. 공간에서 눈이나 꽃잎, 잎, 열매는 물론이고 모래나 자갈도 다 같은 점일 뿐입니다. 공간에 점과 선이 더해질 때 우리는 훨씬 편안하고 자연스럽다고 느끼게 됩니다. 어떤 공간에서는 선과 점의 중첩이 가늘수록, 작을수록, 약할수록, 흐릿할수록 심오한 깊이감을 줍니다. 식물은 어떤 사물보다 선과 점과 여백이 풍부한 덩어리로, 계절에 따라 변하면서 사람 내면의 무수한 감정을 일깨웁니다. 정원은 우리 일상에서 다양한 점과 선을 만날 수 있는 최고의 공간이지요.

아침나절 정원에서 나무 사이로 빛이 드는 모습을 조용히 바라본 적이 있나요? 빛의 아름다움은 빛에 반응하는 나무 때문에 알 수 있습니다. 그래서 정원가는 시시각각 변하는 빛에 가장 잘 반응하는 나무가 어떤 것일지를 고민합니다. 사실 모두가 좋은 나무라고 생각하는 소나무는 빛이 대부분 투과되지 못하고 반사됩니다. 두껍고 딱딱한 상록성 잎을 달고 있으니까요.

싱가포르의 가든스바이더베이. 반지하처럼 지면보다 낮은 공간에 식물이 자리해서 항상 깊은 어둠을 품고 있는 신비로운 정원이 되었다.

식물은 어떤 사물보다 선·점·여백이 풍부한 덩어리다.

미국의 어느 숲 정원에서 찍은 연영초와 공작고사리. 원시림의 식물을 직접 본 경험이 없는 사람이라도 유난히 부드러운 질감과 특유의 촉촉함을 느낀다면 깊은 숲속에 자라는 식물을 감지하는 본성이 있다.

    '좋은 나무'가 많다고 해서 다 좋은 게 아닙니다. 서울 한남동 '모노하'의 작은 정원에는 사람주나무 몇 그루만 심었습니다. 사람주나무는 성장 속도가 아주 느려서 빨리 무성해지지 않습니다. 하지만 자랄수록 가지 사이로 보이는 틈이 많아져요. 그 사이로 보이는 하늘은 작아도 작아 보이지 않습니다. 여백이 많은 나무는 작지만 결코 작지 않습니다. 모노(もの)는 물체를 뜻하는 일본어고, 모노하(もの派)는 지난 세기 후반 일본에서 물체 자체를 탐구해 미학적인 면을 찾아내려고 한 미술운동을 가리킵니다. 그래서 이런 이름에 걸맞게 정원도 정원을 구성하는 요소의 본질에 집중하게 되는 공간으로 만들고 싶었습니다.

    수묵화의 난이 아무리 멋있어도 제한된 화폭에 '더 그려 달라'고 요청할 수 없는 것과 똑같습니다. 없어 보여도 됩니다. 그래

2019년에 설계, 시공한 서울 한남동 모노하 정원. 작고 좁은 공간이지만 자연미와 인공미를 조화롭게 느낄 수 있도록 조성했다.

도 정원은 아름다울 수 있습니다. 아니, 오히려 없어야 아름다워질 수 있습니다. 작은 풀과 작은 나무를 심어서 공간을 더욱 아름답게 느끼도록 할 수 있다면 충분히 좋은 정원이죠. 앞으로 우리 정원가들이 이런 정원을 만들어야 하지 않을까 싶습니다.

비가 와서 풀이 쓰러져도, 꽃이 지고 시들어도, 나무가 된서리를 맞아도 정원에는 시간별로, 계절별로 그때만 보이는 아름다움이 있습니다. 내일은 어떤 모습으로 변할지 궁금해지는 정원이 좋죠. 모호하고 정해진 것이 없는 정원, 무한한 가능성으로 이어질 수 있는 미결정성이 존중되는 정원이 우리에게는 필요합니다.

가든보다 가드닝

우리나라 조경은 큰 산업의 테두리 안에서 이루어집니다. 조경을 원하는 곳에서 '발주'하면, 자본이 투입되어 조경 공간이 '건설'됩니다. 이렇게 대규모 자본과 유명 디자이너가 투입되어 멋진 정원이 만들어지면 사람들은 아름다운 정원을 보고 즐길 수 있습니다. 말 그대로 '볼' 수만 있습니다. 만들고 유지하는 과정에 사람들이 참여할 수 없는 경우가 대부분입니다.

앞에서 정원이 '자연을 배우는 창'이라고 했습니다. 자연을 배우려면 그냥 보는 데 그쳐서는 안 됩니다. 정원에서 자연을 배울 수 있는 가장 좋은 방법은 식물이 자라는 모습을 순간순간 관찰하며 직접 '관리'하는 겁니다. 잡초를 뽑고, 씨가 맺히면 씨를 받고, 물을 줍니다. 자연과 친해지려면 가까이 있어야 하고, 가까이 있으려면 매일 식물과 눈을 맞추면서 뭔가를 '해야' 합니다. 바로 이것이 자연주의 정원의 본질이자 정원의 본질이죠.

그래서 개인 정원을 갖기 어려운 도시인들에게 공공 정원의 구실이 아주 중요합니다. 정원가와 조경가는 기본적으로 많은 사람이 '참여'할 수 있는 공공 정원에 큰 관심을 기울여야 합니다. 단순히 보기 좋은 곳을 만드는 데 그치지 않고, 그 안에서 자연을 향한 존중과 경외감을 느낄 수 있도록 고민해야 합니다. 빈 땅에 고추를 심는 행위 자체에서 끝나면 무슨 의미가 있겠습니까? 고추를 심고 가꾸는 행위를 통해 생명을 향한 경외감을 품을 수 있게 해야 합니다. 공공 공간에서 식물을 가꾸는 사람들이 생겨나면, 소유권을 주장할 수 없는 공간이지만 모두에게 '저마다의 정원'이 됩니다. 그 누구도 아닌 '내'가 자연과 관계 맺는 공간이니까요.

공공 정원은 어떤 식물을 심을 것이냐가 아니라, 그 정원을 계속 '돌보는 사람'과 실제로 늘 '돌보는 행위', 가드닝에 더 관심을 기울여야 합니다. 멋지게 완성한 정원을 보여 주는 것보다 정원과 그 안의 자연을 누리는 사람들이 직접 그 안에서 자연과 교감하며 할 수 있는 일이 생기게 해 줘야 한다는 뜻입니다.

2015년에 서울숲공원 입구 주차장 옆 빈 땅에 조성된 '오소 정원'이 좋은 예가 될 것 같습니다. 서울숲에서 가드닝 교육을 받은 도시정원사 양성 과정 수료생들이 현장 실습을 하는 곳이었는데, 이들이 교육이 끝난 뒤에도 모여서 정원을 가꾸고 있습니다. 2016년에는 시민 녹화 최우수 사례로 뽑혀 '꽃피는 서울상' 대상을 받을 정도로 역량도 커졌습니다. 시민 정원사들은 시간이 지나면서 정원 전문가로 성장해 리더 구실을 하고 있습니다. 2024년 9월 보도에 따르면 서울시가 GS칼텍스, 서울그린트러스트(민간 기업 및 단체)와 함께 3년간 시민 정원사 100명을 양성하기 위해 가드닝 교육을 하고 서울숲에 탄소 저감형 배움 정원을 조성할 계획이라고 합니다.

한편에서는 공동체 정원(community garden)에 대한 관심도 높아지고 있습니다. 마포구의 '봄봄마을정원사' 교육을 받고 아현동 자연학습장 공유 정원을 가꾸는 이들의 사례처럼 시민 정원사들이 늘어난다는 소식을 더 많이 들으면 좋겠습니다.

이런 공간이 많이 필요합니다. 이런 일이 공공녹지에서 펼쳐지려면 우선 비어 있는 땅이 필요하겠지요. 우리는 빈 땅을 꽉 채워 놓고는 "자, 와서 보세요" 해 버리고 방치하는 경우가 많습니다. 교육받은 시민 정원사들이 자발적으로 관리하는 공동 녹지는 그 어떤 화려한 정원보다 '자연을 배우는 창'으로서 중요한 구실을 해낼 수 있습니다. 무엇보다 모두가 가꾸고 즐기는 정원은 자연과 식물을 사랑하는 사람들을 이어 줄 수 있고, 이렇게 모인 여럿의 힘은 한 명의 힘보다 훨씬 클 겁니다.

가든보다 가드닝이 훨씬 더 중요합니다. 미래의 정원가들은 이런 분위기를 만드는 데도 한몫해야 한다고 생각합니다. 전문 정원사와 자연과 식물을 사랑하는 사람들이 함께 만든, 자연의 생명들이 편히게 살 수 있는 아름다운 생태 정원이 곳곳에 많이 생기면 좋겠습니다.

Q & A

(Q) 가끔은 이미 자라고 있는 식물을 없애야 하는 경우가 생기는데, 살아 있는 것에 손대기가 망설여집니다. 이럴 때는 어떻게 해야 할까요?

A 인간은 '살아 있는 것들'을 취해야만 살아갈 수 있습니다. 동물이니까요. 우리가 매일 먹는 밥 한 공기가 벼의 자식 5000개쯤 되지 않나요? 또 베어 낸 나무로 만든 종이와 화장지는 우리가 얼마나 많이 씁니까? 살아 있는 것을 함부로 가벼이 여기지 말아야 하지만, 이 생각에 매몰되면 할 수 있는 게 없습니다. 사실 멸종위기종이 아닌 한 생태계에서 개체 하나의 죽음은 큰 문제가 되지 않습니다. 인간의 욕망을 줄여서 지구의 자연을 최소한으로 이용하고 최대한으로 보존해서 자연과 함께 살아갈 방법을 찾아 나가는 것이 중요하지요.

원래 자리 잡고 있던 나무를 베어 낼지 말지, 식물의 특성을 잘 몰라서 너무 번지게 한 식물을 뽑아낼지 말지 등 정원을 만들 때 예기치 못한 어려운 일이 생기기 마련입니다. 물론 처음부터 장소에 맞는 식물을 충분히 알아보고 고민한 뒤 선택하면 가장 좋겠지요.

애초에 내 마음에 드는 식물이 아니라, 장소에 맞는 식물을 선택해야 합니다. 이 나무가 이 자리에 심기면 행복할까, 옆에 있는 나무가 행복할까 질문해 봐야 합니다. 집의 형태와 식물이 미래에 어떤 모습일지 알아보고, 식물이 집과 땅과 조화로울지 생각해 봐야 합니다.

이걸 심을까, 저걸 없앨까 고민할 때 문제는 내 욕망이 커진다는 데 있어요. '어디에' 심을지를 가장 중요하게 생각하고 출발하면 좋을 것 같습니다.

한 발 물러서서 전체를 먼저 보라고 저는 늘 강조합니다. 특히 나무를 심을 때는 너무 커지지 않을지, 그늘이 많이 생기지 않을지 반드시 알아봐야 합니다. 이미 있는 나무가 너무 커져서 그늘이 많이 생기면 그 아래로는 식물이 잘 자라기 어려워서 베어내야 할 때도 있지요. 저는 될 수 있으면 상록수는 집 가까이 심지 말라고 합니다. 집이 어두워지고 바람이 안 통해서 같이 사는 식물들이 힘들어지거든요.

Q 인생을 돌아보았을 때 정원이 준 선물이 있다면 어떤 것일까요?

A 저는 지금도 먹고살 수 있으면 된다, 하고 싶은 일을 할 수 있으면 그것으로 족하다고 생각하는 편입니다. 하고 싶은 일을 평생 하면서 살 수 있다는 것이 최고의 축복이고 선물이지요.

정원을 만드는 현장에 나갈 때마다 그곳에서 오래 머무는데, 며칠 있다 보면 고향 같다는 느낌이 듭니다. 양평에, 포천에, 대구에 그리고 이젠 부산에도 고향이 생겼습니다. 정원을 만드는 곳이

제게 고향이 된달까요? 정원 만들기가 끝나도 그곳이 지금 어떤 모습일지 계속 궁금해요.

제가 맨 처음 일한 여미지식물원은 첫사랑 같은 곳이라, 퇴사하고 5년 정도는 가까이 지나가지도 못했어요. 어쩐지 제가 키우던 식물에게 미안하고, 배신자가 된 기분이 들더군요. 그런데 한편으로는 보고 싶기도 합니다. 지금은 조금 단련돼 이런 이별이 전만큼 힘들진 않지요. 정원 일이 고맙게도 늘 궁금하고 그리운 고향 같은 곳을 제게 주었습니다.

2장 기후 위기 시대에
새를 연구한다는 것

박진영

> 우리는 기후변화와 생물다양성 위기의 시대에 살고 있습니다. 해마다 기상재해가 기록을 갈아 치운다는 소식을 듣지만 기후변화가 우리 삶에 어떤 영향을 미칠지 아직은 제대로 실감하기 어렵습니다. 우리에게 닥쳐올 미래를 알고 싶다면 지금 생태계를 보면 됩니다. 많은 생물들이 이미 심각한 영향을 받고 있으며 기후변화로 멸종위기에 빠진 종이 빠르게 늘고 있습니다.
>
> 우리 미래는 과연 어떤 모습일까요? 미래를 예측하고 인간과 자연이 조화롭게 살아갈 방법을 찾는 데 생물학이 제구실을 해야 합니다. 하지만 급변하는 상황 속에서 자연의 변화를 파악할 자료는 턱없이 부족합니다. 기후 위기가 곧 생물학의 위기, 생태학의 위기입니다. 자연의 시계가 달라졌고, 새로운 자료가 끊임없이 필요합니다. 저를 포함해 생물을 연구하는 과학자들 모두가 위기를 느끼고 있습니다.
>
> 그래도 희망이 아주 없지는 않습니다. 최근 국제적으로 시민 과학이 자연 모니터링에 중요한 역할을 하고 있습니다. 일상에서 식물, 곤충, 새 등 생물을 관찰하고 자연의 변화를 기록해 그 자료를 공유하는 사람을 '시민 과학자'라고 부릅니다. 이들이 쌓는 자료가 많을수록 우리가 좀 더 구체적으로 미래를 예측할 수 있습니다. 우리 이웃인 생물과 공동의 삶터인 생태계에 관심을 갖고 참여하는 시민 과학자가 한국에서도 더 많아지기를 기대해 봅니다.

박진영,
현장과 행정 능력을 겸비한 국가 생물종 연구의 마에스트로

조류학자. 현재 국립호남권생물자원관장으로서 국가 생물종 연구를 지휘한다. 학자로서 주된 연구 주제는 철새와 멸종위기종의 이동과 생태다. 국내 탐조인들 사이에서 바이블로 통하는 『한국의 새』를 같이 썼으며 탐조 도서 유행을 이끈 『동네에서 만난 새』, 『깃털 달린 여행자』 등의 감수를 맡았다.

사라지는 동물들

우리가 살아가는 시대에 대한 정의는 관점에 따라 다양할 겁니다. 저는 현재를 '기후 위기의 시대'라고 생각합니다. 이렇게 단기간에 격렬하게 일어난 기후변화를 경험하는 것은 아마 인류 역사상 처음입니다. '기후 위기'나 '기후변화'라고 하면 어떤 이미지가 떠오르나요? 온실가스 농도가 올라가고 빙하가 녹으면서 해수면이 올라간다든지 가뭄과 홍수가 심해지고 해수 온도가 높아지며 태풍이 해마다 더 강해진다는 말을 들어 보았을 겁니다. 기상관측 이래 최고치가 깨졌다는 뉴스도 이제 새롭지 않지요. 최근에는 국제사회에 기후변화와 함께 더 큰 위협이 다가온다는 경고가 등장했습니다.

  우리는 겨우 몇 해 전에 코로나19 바이러스로 큰 고통을 겪었습니다. 질병이 가져온 아픔뿐 아니라 전 세계가 안전을 위해 문을 걸어 잠가서 닥친 경제위기도 큰 어려움이었지요. 이 기간 동안 우리가 잊고 있었지만 기후변화에 따른 문제는 계속 커졌습니다. 그중 우리에게 다가온 큰 위협으로 생물다양성 감소가 있습니다. 생물종과 그 서식지가 사라지고 있다는 말을 많이 들어 보았을 텐데요, 이제 그 수준이 한계를 심각하게 넘어 회복할 수 없는 데까지 가고 있다는 경고가 들립니다.

지구의 생물다양성 현황을 보여 주는 통계 중에 지구생명지수(Living Planet Index)라는 것이 있습니다. 전 세계에서 살아가는 척추동물, 즉 조류·포유류·어류·파충류·양서류 중 일부 종과 개체군(5570종, 4만 1994개체군)에 대한 모니터링으로 서식 현황의 변화를 파악하는 지수인데요, 1970년부터 2020년까지 50년 동안 73퍼센트 감소했습니다. 빠른 감소 추세도 충격적이지만, 실질적으로 큰 문제는 이 모니터링을 시작한 1970년에도 자연이 아주 건강하고 야생동물이 많지는 않았다는 겁니다. 산업혁명 이후 250여 년 동안 세계적으로 동물의 서식지가 오염되고 많이 사라져서 이미 개체수가 크게 줄어든 상태였습니다. 그때 이후 50여 년간 엄청나게 빠른 속도로 서식지 상황이 나빠지며 동물들이 사라지고 있다는 결과라서 더욱 충격적입니다. 만약 수백 년 전부터 자료가 남아 분석할 수 있었다면 야생동물이 90퍼센트 넘게 사라졌다는 보고도 가능했을 겁니다.

2024년에 세계적으로 화제가 된 뉴스가 있습니다. 우리나라 언론에서는 '흰배중부리도요(Slender-billed Curlew)'라고 번역

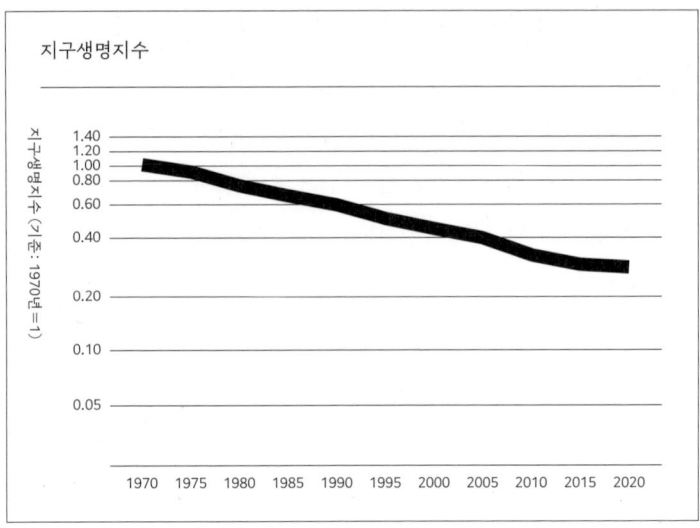

1970년부터 2020년까지 생물다양성 현황을 보여 주는 자료. 문제는 조사가 시작된 1970년에도 자연이 아주 건강하고 야생동물이 많지는 않았다는 점이다.
〔출처: 세계자연기금(WWF), 『지구생명보고서』, 2024.〕

했던 도요과 새 한 종이 지구상에서 완전히 멸종했다는 소식입니다. 이 새는 과거 유럽과 아프리카 북부에 서식했는데요, 1995년 모로코에서 촬영된 사진 뒤로는 믿을 만한 기록이 없습니다. 조류 연구자와 탐조인 들이 30여 년간 생존 여부를 애타게 추적했지만 어떤 근거도 확인하지 못했고요, 이런 상황을 종합해 공식적으로 발표된 흰배중부리도요의 멸종은 자연을 사랑하는 많은 사람들의 마음을 아프게 했습니다. 이제 우리와 우리 후손은 흰배중부리도요를 박물관의 표본으로만 만날 수 있습니다.

멸종의 신호, 적색목록을 아시나요

국제자연보전연맹(IUCN)이라는 단체가 있습니다. 유엔의 지원을 받아 1948년에 설립되고 스위스 글랑에 본부가 있는 세계 최대 환경 단체입니다. 이곳에서 1963년부터 폭넓은 자료 조사와 전문가 인터뷰 등을 통해 전 세계 다양한 생물의 보전 상태를 모니터링해서 발표합니다. 이 보고서를 적색목록(Red List)이라고 하는데, 목록은 각 생물종을 멸종 위험도에 따라 위급(CR, Critically Endangered), 위기(EN, Endangered), 취약(VU, Vulnerable) 등으로 분류합니다. 전 세계 생물 현황과 보전 상태를 살펴보기에 가장 믿을 만한 자료라고 할 수 있습니다.

이 자료에서 조류 현황을 살펴보면, 1500년 이후 169종이 멸종했으며 2025년 현재 멸종위기에 처한 종은 전 세계 조류 1만 1000여 종 중 12퍼센트인 1330종입니다. 이 정도도 심각하다고 느낄 만한데 전체 목록을 살펴보면 더 심각한 동식물이 많습니다. 예컨대 전 세계 산호초류의 44퍼센트, 양서류의 41퍼센트, 상어와 가오리류 37퍼센트, 포유류 27퍼센트, 담수어류 26퍼센트, 파충류 21퍼센트가 멸종위기에 있습니다. 우리가 모르는 사이 너무도 많은 동식물이 빠르게 사라져 가고 있지요. 상당히 심각한 상황입니다.

지구에서 살아가는 생물종의 전체 숫자는 정확히 알려져 있지 않습니다. 아마도 영원히 알 수 없겠지요. 2022년 국제자연보전연맹에서 종합한 결과로는 알려진 것만 216만 종입니다. 조류

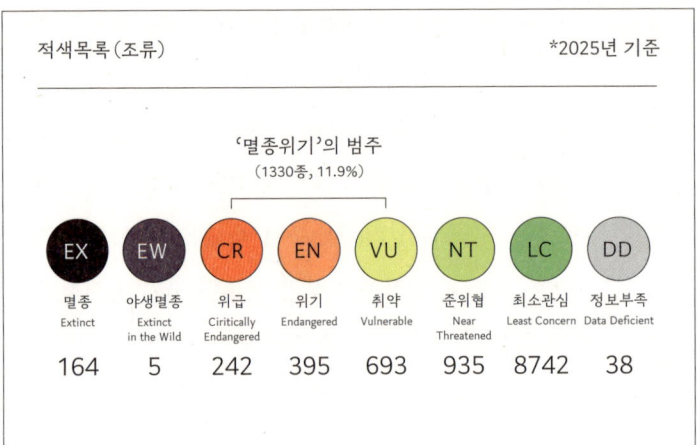

전 세계 조류의 멸종 위험도를 보여 주는 자료. (출처: 국제자연보전연맹)

와 포유류 같은 대형 척추동물은 연구가 활발히 진행돼 거의 모든 종이 기록되었다고 추정하지만, 곤충을 비롯한 무척추동물같이 연구가 부족한 분류군은 10퍼센트도 기록되지 못했을 겁니다. 지구에서 살아가는 생물의 종수를 추정하는 다양한 연구 결과는 대개 500만 종에서 1000만 종 사이로 봅니다. 하지만 이것도 우리가 아직까지 미생물에 대해 거의 밝히지 못했다는 전제가 있습니다. 만약 미생물까지 더한다면 1억에서 1조 규모의 종이 지구상에서 살아간다는 추정도 있습니다. 한마디로 얼마나 많은 종이 지구에서 어떻게 생태계를 이루며 살고 있는지 우리는 아직도 전혀 모릅니다.

만약 1억 종에 이르는 생물이 지구에 살고 있으며 그중 1년에 0.01퍼센트가 멸종한다고 (아주 낙관적으로) 가정하면 1년에 1만

종이 멸종한다는 말입니다. 물론 생물의 멸종은 지구의 오랜 진화사에서 꾸준히 반복된 일입니다. 다만 최근 우리가 목도하는 재앙 같은 멸종 행진은 그 원인을 오롯이 인간이 제공했다는 점에서, 과거 지구의 진화 과정에 일어난 자연적인 환경 변화와 종간 경쟁에 따른 멸종과는 전혀 다른 양상입니다. 이것이 우리가 현재 벌어지고 있는 기후변화와 생물다양성 감소, 대멸종에 진지하게 관심을 기울여야 하는 이유입니다.

생물다양성 감소의 다양한 원인

그럼 동식물이 사라지는 원인을 하나씩 살펴볼까요? 가장 큰 이유는 서식지 상실과 질 저하입니다. 생물이 살아가는 공간이 파괴되고 감소하고 질이 나빠지는 것이지요. 숲이 사라지면 숲에 사는 동식물이 없어지고, 바다나 강을 매립하면 갯벌과 습지에 살던 동식물이 사라집니다. 전 세계적으로 도시가 계속 확장하면서 새 도로와 철도가 놓이고, 농경지가 늘어나고, 주택이나 공장도 계속 지어집니다. 이러는 동안 생물들은 살 곳을 잃고 쫓겨나지요.

다음은 오염입니다. 산업이 발전해 사람들이 자연에 존재하지 않던 화학물질을 이용하면서 다양한 오염물질과 폐기물이 자연으로 방출되고 있습니다. 대표적인 문제가 수질오염입니다. 인간의 활동으로 발생한 다양한 오염물이 하천, 호수, 지하수, 바다로 흘러들어 수질을 악화시키고 동식물에게 해를 끼칩니다. 오염이 직접적인 원인이 되어 동식물이 사라지거나, 오랜 시간 오염물질이 먹이사슬을 통해 축적되어 영향을 줍니다. 생태계 먹이사슬에서 상위 포식자에 속하는 조류는 체내에 오염물질이 고농도로 축적되어 죽거나 생리적인 문제가 생겨 번식에 실패하거나 기형이 생기고 질병에 취약해집니다. 최근에는 플라스틱 쓰레기 문제도 심각합니다. 특히 바다로 흘러간 플라스틱 폐기물을 새들이 먹이로 착각해서 섭취하기 때문에, 플라스틱을 지나치게 먹은 새끼들이 번식지에 죽어 있는 모습이 자주 확인됩니다.

외래종 문제도 심각합니다. 사람이 새로운 지역에 정착하면 가축과 다양한 동식물을 데리고 들어가게 되는데, 특히 고유 생태계가 잘 발달한 섬과 같이 고립된 지역에서는 단시간에 생태계 파괴와 훼손이 일어납니다. 다양한 동식물이 균형을 이뤄 지탱하고 있던 토착 생태계에 낯선 외래종이 들어가면서 생명의 균형을 깨는 겁니다. 예컨대 사람이 염소나 양 같은 가축을 새로운 곳으로 데려가서 키우면 이들이 주변 식물을 과도하게 먹어 치우고, 이렇게 식물이 사라지면 거기 기대어 살던 다양한 동물도 삶의 터전을 잃습니다. 흔히 '침입종'이라고 부르는 외래종 식물이 뛰어난 경쟁력으로 토착 식물을 물리치고 지역을 장악하곤 합니다.

쥐는 사람이 일부러 데리고 다니지는 않아도 사람과 배를 타고 새로운 대륙, 새로운 지역으로 이동했습니다. 쥐는 고유종 곤충과 새의 알을 먹어 치우는 것으로 유명한데, 지난 500년 동안 적어도 75종의 새를 멸종시켰다고 알려졌습니다. 같은 기간 세계에서 멸종한 새가 169종이라고 보고되었으니, 이 중 절반에 가까운 44.4퍼센트를 사람과 함께 이동한 쥐가 멸종시켰네요.

한편 사람과 전 세계로 이주한 고양이도 새로 정착한 지역에서 치명적인 외래종 포식자 구실을 합니다. 지금까지 전 세계적으로 33종의 새가 고양이 때문에 멸종했다고 알려져 있지요. 연구 결과에 따르면, 고양이가 미국에서 해마다 새 24억 마리와 소형 포유류 123억 마리를 잡아먹습니다. 주인이 먹이를 충분히 주는 고양이도 집밖에서는 다양한 동물을 사냥하고, 주인 없는 들고양이는 더 많은 동물을 사냥합니다. 북미의 연구 결과, 집에서 키우는 고양이가 외부 출입을 할 경우 1주일에 평균 동물 두 마리를 사냥하며 들고양이는 이보다 세 배 많은 동물을 사냥한다고 합니다. 타고난 사냥꾼인 고양이는 사람이 돌보거나 먹이를 주는 것과 상관없이 본능적으로 동물을 사냥합니다. 사람이 개량한 반려묘도 가축화한 그 어떤 동물보다 야생 본능을 잘 간직하고 있습니다. 사람이 주는 사료에 만족하고 실내에서만 살면 문제가 최소화되겠지만 실제로는 관리가 잘 안 되지요.

요즘 우리나라에서 길고양이를 둘러싼 사회적 논쟁이 치열합니다. 길고양이의 과도한 번식이 생태계 교란과 야생동물 감소를 일으킨다는 우려의 목소리가 크고, 늘어난 고양이 개체수 때문에 생활의 불편을 호소하는 이들도 있습니다. 다른 동물이, 특히 외래종이 같은 문제를 일으킬 경우에는 대부분 개체수를 줄이는 쪽으로 정책적인 노력을 기울입니다. 국내 생태계에 문제를 일으키 외래종을 대표하는 블루길과 배스(어류), 황소개구리(양서류), 뉴트리아(포유류) 등이 모두 인위적 개체수 조절 대상이고 포획 보

조금 제도가 운영되고 있습니다. 역시 외래종인 집비둘기의 경우 직접적인 포획은 안 해도 먹이 주기에 과태료를 부과하는 조례를 최근 서울시에서 제정했지요.

그런데 외래종이면서 생태적, 사회적 문제를 일으키는 고양이는 아직까지 이런 대책에서 열외에 있습니다. 고양이를 포획해 중성화한 뒤 방사하는 개체수 조절 방안을 적용해 왔지만 그다지 성공적이지 않습니다. 동시다발적으로 전체 집단 대부분을 중성화해야 효과가 있는데 현실적으로 쉽지 않은 일입니다.

새를 비롯한 다양한 야생동물을 사냥해서 생태계를 교란하는 외래종의 개체수를 관리하는 것은 생물다양성 보전에 아주 중요한 문제입니다. 그러나 오늘날 도시 사람들과 깊은 유대를 맺고 살아가는 길고양이는 동물 복지, 생명 윤리 차원에서 그저 바라봐 주려는 경향이 강하기 때문에 포획을 통한 개체수 조절이 쉽지 않아 보입니다. 직접 포획이 어렵다면 먹이 공급을 제한하는 것이 가장 효과적인 방법입니다. 인위적으로 먹이를 주면 영양 상태가 좋아진 고양이가 새끼를 더 많이 낳고 개체수가 계속 늘어날 수밖에 없습니다. 자연 생태계 보호를 위해 적어도 고양이 숫자가 '늘어나지는 않도록' 관리하는 데 시민들의 협조가 필요합니다. 집비둘기와 마찬가지지요.

사람이 직접적인 원인이 되어 생물을 극단적으로 감소시키는 사례도 있습니다. 바로 사냥과 남획입니다. 수렵 제도를 통해 허가받은 합법적 사냥도 있지만 상업적인 거래나 식용을 위한 불법 포획도 많습니다. 우리나라의 경우 40, 50년 전까지만 해도 많던 밀렵이 계속적인 단속과 홍보로 이제 많이 줄었습니다. 그러나 개발도상국이나 저개발국에서는 야생동물을 잡아 식용이나 박제용으로 또는 애완용으로 거래하는 일이 지금도 흔하게 벌어집니다. 이런 거래는 워낙 은밀하게 이루어져서 규모를 정확히 파악하기가 어렵지만 2023년에 (버드라이프 인터내셔널, 국제자연보전연맹, 야생동물 거래 모니터링 네트워크인 트래픽 등) 국제 공동 연구 팀이 발표한 논문에 따르면, 전 세계적으로 조류와 포유류 네 종 중 한 종꼴로 거래되고 있으며 추정 거래액이 연간 10조~33조 원에 이릅니다. 조류는 지금까지 (전체 종의 44.7퍼센트에 해당하는) 총 4915종이 거래된 것으로 파악되었고, 앵무새나 울음소리가 아름다운 참새목 새처럼 인기 있는 종은 높은 포획 압력에 개체수 감소가 매우 심각한 상황입니다.

새를 식용으로 남획해서 멸종위기에 빠트린 사례는 가까운 데서도 찾을 수 있습니다. 봄가을에 우리나라에서 나그네새로 관찰되는 검은머리촉새는 20세기 초까지 동아시아에서 가장 흔한 멧새류였지만 서식 집단이 지속적으로 감소하다 20세기 후반 멸종위기종으로 지정되었습니다. 감소의 가장 큰 원인은 중국 남부에서 엄청나게 많은 수를 잡아먹은 것입니다. 1980년부터 2013년까지 30여 년간 전체 집단 중 무려 84~95퍼센트가 감소했다고 추정합니다. 이렇게 빠르게 개체수가 줄어들면서 국제자연보전연맹은 이 새를 멸종 위험도가 가장 높은 '위급' 등급으로 분류했습니다. 우리에게 잘 알려진 멸종위기종인 두루미, 황새, 따오기가 이보다 한 단계 낮은 '위기' 등급인 것과 비교하면 검은머리촉

동아시아에서 참새처럼 흔했던 검은머리촉새. 중국 남부에서 엄청나게 많은 수를 잡아먹으면서 급격하게 멸종위기에 처했다.

새의 멸종 위험도가 얼마나 높은지 알 수 있습니다. 엄청나게 흔한 생물도 사람이 먹으려고 포획하기 시작하면 단기간에 멸종위기에 빠질 수 있다는 것을 여실히 보여 줍니다.

기후, 새들의 생체 시계를 망가뜨리다

지금까지 알아본 생물 감소는 모두 그 책임이 사람에게 있습니다. 사람이 생태계 파괴와 야생동물의 멸종을 가속하고 있다는 명백한 증거들입니다. 그리고 이런 일은 대부분 국지적으로 일어났습니다. 생물의 서식지 파괴나 사람의 사냥은 모두 어느 한 지역에서 벌어졌지요. 그런데 요즘 들어 상황이 크게 바뀌고 있습니다. 지역을 넘어 전 지구적인 위협이 등장했는데, 바로 기후변화입니다. 기후변화는 지구 전반의 생태 환경을 바꿉니다. 북극의 빙하와 킬리만자로 정상의 만년설이 녹아서 점차 사라지는 등 지구 풍경도 달라지고 있습니다.

생태 환경이 변하면 동식물과 미생물이 큰 영향을 받습니다. 환경 변화에 잘 적응해서 번창하는 종도 있겠지만 대부분은 급작스러운 변화에 빠르게 적응하지 못해서 개체수가 급감하거나 사라질 겁니다. 요즘 종종 보도되는 곤충 대발생이나 새로운 질병도 기후변화와 결코 무관하지 않습니다. 급작스러운 환경 변화가 생태계의 미래를 예측할 수 없게 하고, 결국 많은 생물이 사라져서 생물다양성이 뚜렷하게 감소합니다.

조류 연구 사례로 현재 생태계가 받고 있는 타격을 살펴봅시다. 기온 상승으로 새들의 번식 시기나 이동 시기가 빨라졌다는 보고가 이어지고 있습니다. 그러나 새들이, 특히 주기적으로 이동하는 철새들이 기후변화의 속도를 쫓아가기는 쉽지 않을 겁니다. 새들은 오랜 진화의 시간 동안 주위 환경과 조화를 이루면서 번식하고 이동하는 일정, 즉 생존을 위한 최적의 시간표를 몸에 새겨왔습니다. 그런데 기후변화로 매우 짧은 시간에 환경이 거세게 달라지고 있으니 새들의 생체 시간표가 맞지 않는 상황이 자꾸 벌어집니다. 새들이 이런 변화에 적응하지 못하면 새와 어울려 살아가는 동식물도 영향을 받고 결국 생태계 균형이 깨집니다. 생물들 사이에 형성된 악순환이 상승작용을 일으켜 멸종을 가속할 수 있습니다.

기후변화가 새들의 번식과 먹이 자원에 미치는 영향부터 생각해 봅시다. 기후변화와 관련해 자주 언급되는 해양성 조류가 있습니다. 바다에서 물고기를 잡아먹는 '댕기바다오리'인데, 태평양 북부에 폭넓게 분포하는 이 종 가운데 북쪽에 서식하는 집단은 그대로 유지되는 반면에 남쪽에 서식하는 집단은 심각하게 줄어들고 있다고 합니다. 어떤 해에는 모조리 번식에 실패했다는 보고도 있는데, 원인은 바로 기후변화 탓에 이들이 먹이로 좋아하는 어류의 분포가 변한 것입니다. 해수면 온도가 상승하면서 어류의 분포 지역이 바뀌어 새들의 번식지에서 멀어졌고, 결국 댕기바다오리는 번식기에 새끼들에게 먹일 물고기를 잡을 수 없게 됐습니다. 새들이 물고기 이동에 맞춰 번식지인 섬을 옮길 수는 없으니 이 집단은 번식에 실패하고 전체 개체수가 감소할 운명입니다.

바닷새뿐 아니라 산새도 기후변화의 영향을 받습니다. 산새의 번식 일정을 예로 들어 볼까요? 새들의 산란이 주로 4월 말에 집중된다고 가정할 때 부화는 2주 뒤인 5월 중순에 일어납니다. 새끼들은 빨리 성장해서 6월 초에는 둥지를 떠나 독립하지요. 이런 일정으로 번식한다면, 새끼의 먹이가 될 곤충(주로 애벌레 시기)은 새끼가 왕성하게 성장하는 5월 말에 가장 많아야 합니다. 오랜 진화의 시간 동안 환경에 맞춰 번식 일정을 정밀하게 조정해 온 산새들은 특히 새끼들이 빠르게 성장하는 시기, 즉 먹이가 가장 많이 필요한 때를 곤충들이 가장 왕성하게 활동하는 때와 일치시켜 놓았

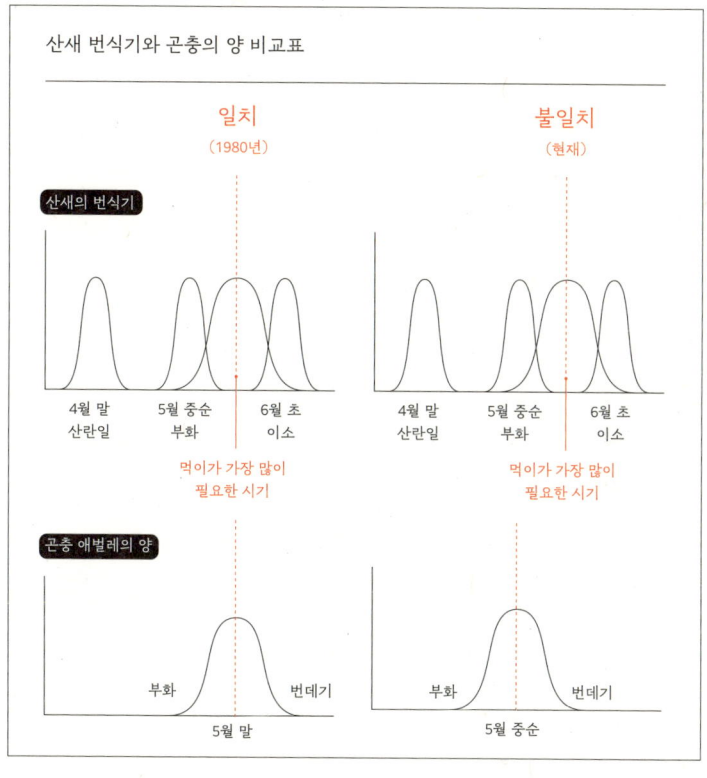

산새의 번식 시기와 먹이 자원의 불일치를 보여 주는 표. 기후변화로 곤충의 발생 시기가 1~2주 정도 빨라졌지만 새들은 이런 변화에 빨리 적응하지 못하고 있다.

습니다. 그런데 기후가 따뜻해지면서 곤충 발생 시기가 예년보다 1~2주 정도 빨라지고 있습니다. 그러면 새가 알을 품고 있을 때 곤충의 양이 가장 많고 정작 알에서 깬 새끼들이 왕성하게 먹어야 할 때는 줄어듭니다. 어린 새들이 성장기에 곤충을 충분히 먹지 못하면 성장이 더디고 사망률이 높아지게 됩니다. 곤충에 비해 환경 적응이 느린 새들은 결국 새끼를 성공적으로 키워 내지 못하고 전체 집단이 감소할 가능성이 높습니다.

결국 기후가 바꾸게 될 생태 지도

기후변화는 새들의 서식 환경도 바꿉니다. 호주에서 월동하는 이동성 도요새의 개체수 변화를 1983년부터 2006년까지 살펴본 결과 73퍼센트가 감소했다고 합니다. 호주의 이동성 도요류는 시베리아, 북극권, 알래스카 지역에서 번식하고 월동지인 호주로 이동하면서 봄가을에 규칙적으로 우리나라 서해안을 포함한 황해 지역에 도래합니다. 이 새의 개체수를 줄인 가장 중요한 원인으로 갯벌 매립을 꼽습니다. 그런데 이 상태에서 앞으로 해수면이 150센티미터 올라가 연안 습지의 35퍼센트가 줄어든다면 어떻게 될까요? 전문가들은 붉은어깨도요와 알락꼬리마도요 개체수가 60퍼센트 더 줄어들 것으로 추정합니다.

해수면 상승은 물론 기후변화 때문입니다. 기온이 올라가면서 극지방의 빙하가 녹아 해수면이 높아지는데, 전문가들은 앞으로 100년 안에 전 세계 주요 해안 지역이 대부분 침수할 것이라고 예상하고 있습니다. 해수면이 상승하면 사람들뿐 아니라 해안가 환경에서만 살아가는 다양한 동식물이 해를 입지요. 이미 갯벌 매립 같은 서식지 감소로 전체 집단의 70퍼센트 이상이 사라지며 멸종위기에 처한 도요류는 절멸의 위기에 내몰릴 것이 자명합니다.

조류 생태에 아주 중요한 곳이 있습니다. 유라시아 대륙과 북미 대륙의 북쪽 끝에 자리한 생태계, 툰드라입니다. 지하에 1년 내내 녹지 않는 영구 동토가 있고 강수량이 적은 고위도 한대 지역이지요. 툰드라 바로 밑으로는 타이가 지역이 자리합니다. 이렇게 고착되었던 지구의 생태 지도도 기후변화에 따라 바뀔 텐데요, 기후가 더 따뜻해지면 타이가 지역이 북상하면서 툰드라 지역은 점점 사라질 전망입니다. 툰드라와 타이가 지역은 식물상이 전혀 달라서 각각 고유한 동물들이 서식하고 있습니다. 결국 현재 툰드라 지역에서만 사는 동식물은 지구상에서 아예 사라지겠지요.

예를 들어 툰드라 지역에서만 번식하는 철새가 있습니다. 봄가을에 우리나라 갯벌에서도 만날 수 있는 세계적인 멸종위기종 넓적부리도요입니다. 이들은 툰드라의 가장자리, 바다와 닿은 곳에 극소수만 남아 번식하고 있습니다. 번식이 끝나고 가을이 되면 동남아시아와 방글라데시로 이동해서 월동하고 봄이 되면 다시 북상해 툰드라 지역 번식지로 돌아갑니다. 그런데 기후변화로 이 지역의 식생과 동물상이 달라지면 넓적부리도요도 더는 살아갈 수 없을 겁니다.

이 지역은 전 세계에서 유일하게 남아 있는 넓적부리도요 서식지이고, 현재 생존하고 있는 전 세계 집단은 250여 마리로 추정합니다. 1970년대에 4000~5600여 마리로 추정한 것과 비교하면 지난 50여 년간 90퍼센트 넘게 사라졌지요. 개체수가 이렇게 적은데 빠른 감소세가 유지된다면 멸종은 거의 초읽기에 몰린 셈이고 겨우 남은 번식지마저 기후변화로 곧 사라질 위기에 처했으니 우리 세대나 다음 세대에는 멸종할 가능성이 매우 높습니다.

갯벌 매립에 이어 해수면 상승으로 더욱 심각한 멸종위기에 처할 도요새들.
왼쪽이 붉은어깨도요, 오른쪽이 알락꼬리마도요이다.

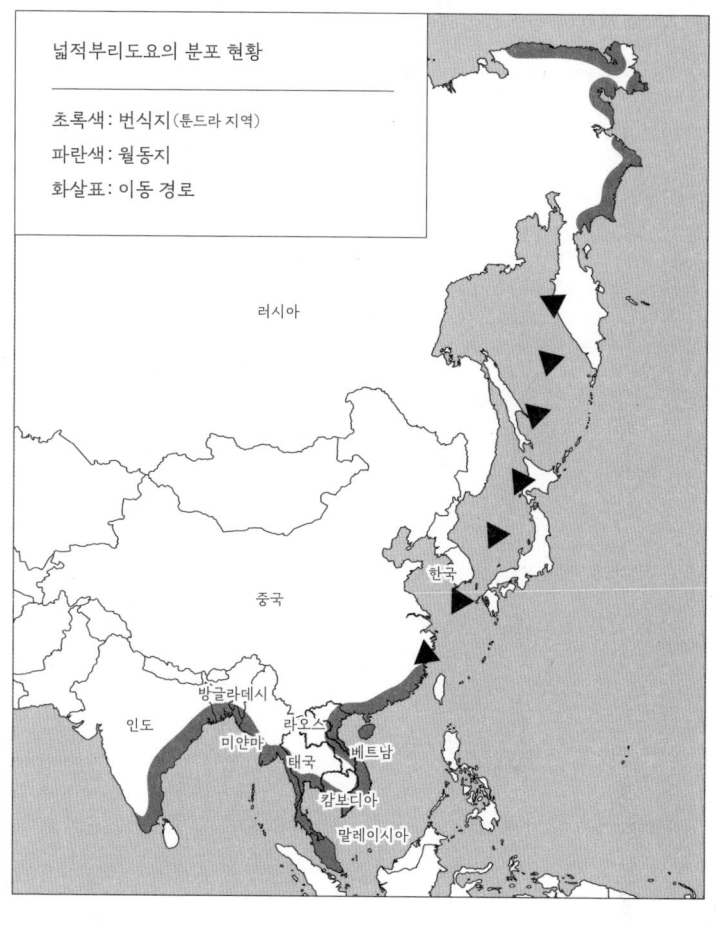

☜ 현재 전 세계에 250여 마리만 남아 있다고 알려진 넓적부리도요. 기후변화로 유일한 번식지인 툰드라 환경(위쪽 그림에서 초록색)이 사라지면 절멸할 운명이다.
ⓒ최종수

현재 툰드라 지역에서는 넓적부리도요뿐 아니라 200여 종에 이르는 다양한 철새가 살고 있습니다. 도요새류, 오리류, 기러기류, 아비류, 갈매기류 같은 물새가 주를 이루지만 흰올빼미, 긴발톱멧새, 흰멧새와 같은 육상 조류도 여기서 번식합니다. 이렇게 추운 지역에서 번식하는 새들은 기온이 계속 오를 경우 결빙기가 짧아지는 탓에 번식기와 먹이 발생 시기의 불일치가 더해져 이중고를 겪게 됩니다. 개체수 감소로 이어질 수밖에 없지요. 북미의 연구 결과를 살펴보면, 2100년까지 기온이 3도쯤 오른다고 가정할 때 현재 북미에 서식하는 조류 가운데 3분의 2가 넘게 멸종위기에 처할 것이라는 비관적 전망이 있습니다.

위기에 꽃핀 시민 과학

지금까지 조류 생태를 주로 이야기했는데 오늘날 동식물이 처한 상황이 비슷합니다. 기후변화가 너무 빠르게 진행돼 연구자들마저 따라 가기가 버거울 정도입니다. 이렇게 급변하는 시대에 생태계 현황을 정확히 파악하기 위해서는 분포와 개체수 변화에 관한 자료 확보가 아주 중요합니다. 전 세계 다양한 동식물이 어떤 상황에서 어떤 변화를 겪고 있는지, 가능한 한 많은 자료를 모아 분석하며 미래를 예측하고 대비해야 합니다.

어느 때보다 다양하고 방대한 자료가 필요한 지금, 이런 자료를 구축하는 데 시민 과학의 역할이 커지고 있습니다. 시민 과학이란 일반인이 과학 활동에 참여해서 자료를 만드는 것을 의미합니다. 이 용어를 사용한 지는 20, 30년밖에 안 됐지만 실질적으로 일반인이 과학 자료를 축적하는 데 참여한 것은 훨씬 오래전부터입니다.

사실 연구자도 과학 자료를 생산하고, 정책 결정권자도 정책적인 판단을 위해 근거로 쓸 과학 자료를 생산하고 소비합니다. 그러나 연구자와 정책 결정권자가 세계 각지에서 벌어지는 다양한 현안 해결과 정책 수립을 위해 모든 자료를 스스로 모을 수는 없습니다. 조사에 투입할 대규모 인력이 없을뿐더러 그렇게 방대한 자료를 모으려면 어마어마한 비용이 듭니다. 이런 상황에, 생물 조사에 관심이 많은 시민들이 자발적으로 참여해 기초 자료를 모으는 데 힘을 보태는 것은 큰 의미가 있고 자료의 활용 가치도 아주 높습니다. 한 가지 염려할 점이라면, 아무래도 전문가가 모으는 자료보다 신뢰도가 떨어지겠지요. 자료의 신뢰도를 높이기 위해 전문가의 보정이 필요할 때도 있는데, 조사 방법에 대한 교육과 조사자의 현장 경험을 통해 문제들이 조금씩 개선되고 있습니다. 자료의 양이 많아질수록 오차 범위가 좁아지니까 참여 규모가 늘수록 문제가 줄기도 하고요.

그럼 시민 과학의 성공적인 사례를 몇 가지 살펴볼까요? 이 영역에서 선진국을 중심으로 조류 분야가 가장 앞서가는 면이 있습니다. 탐조 인구가 다른 생물 분야에 관심 있는 사람들보다 많고 거의 전문가만큼 깊이 있게 관찰하는 경우가 많기 때문입니다. 새는 낮에 비교적 쉽게 관찰할 수 있는 데다 포획하지 않고도 종을 알아보기 쉬워서 다른 야생동물보다 관찰에 입문하기가 쉽다는 장점도 있습니다.

1966년에 북미 번식 조류에 대한 조사(North American Breeding Bird Survey, BBS)가 시작됐습니다. 북미에서 번식하는 새들의 개체수 변동에 관해 구체적인 자료를 쌓으려고 시작했는데, 당시 사회문제가 된 살충제 사용과 조류 감소의 연관성을 밝힐 근거를 찾는다는 목적도 있었다고 합니다. 전국에 걸쳐 번식 조류 집단의 증감에 관한 장기 자료를 시민 참여로 확보하자는 계획이었지요. 이 조사가 아주 성공적으로 진행돼 지금은 미국과 캐나다 총 4100여 개 경로에서 2500명 이상의 탐조인과 전문가 들이 참여할 정도로 굳건히 자리 잡았습니다. 이를 통해 북미 대륙에서 번식하는 육상 조류 500여 종의 개체수 변화에 관한 장기 자료가 축적되고 있어요.

이렇게 쌓인 자료는 전문가 분석을 통해 학계에도 제공됩니다. 조사를 통해 개체수가 크게 늘거나 줄고 있다고 드러난 종은 증감 원인을 파악하는 후속 연구가 이어지기도 하고, 특히 개체수가 감소한 종의 보호 정책을 만드는 데 중요한 자료로 쓰입니다.

BBS가 새들의 번식기인 봄을 중심으로 진행된다면, 겨울에 개체수 변화를 파악하는 조사도 있습니다. 크리스마스를 전후해 시민들이 집 주변에 있는 철새 도래지를 비롯해 새를 관찰할 만한 곳에서 텃새와 겨울철새를 관찰하고 종과 개체수를 파악합니다. 크리스마스 무렵에 새를 사냥해서 먹었던 서양의 관습을 새를 관찰하고 보호하는 활동으로 전환한 시민 과학의 획기적인 사례로

시민 과학의 선봉장 역할을 하는 탐조인들. 최근 탐조 붐을 맞은 국내에서도 작은 단위로 함께 새를 보고 기록하는 모임을 쉽게 찾을 수 있다. 사진은 대표적인 탐조 커뮤니티인 수원 탐조책방의 활동 모습. ⓒ탐조책방

꼽힙니다. 1900년 크리스마스에 시작해 무려 125년 역사를 자랑합니다. 조류학자인 프랭크 채프먼(Frank M. Chapman) 박사가 크리스마스에 새를 사냥하기보다는 보호를 위해 개체수를 세어 보자고 제안했고, 이에 응해 27명이 참여한 것이 출발점이었지요.

'크리스마스 버드 카운트(Christmas Bird Count)'라는 이름으로 지금까지 이어지고 있는 이 탐조 행사의 최근 조사(2023년 12월~2024년 1월)는 미주 2677곳(미국 2019곳, 캐나다 470곳, 중남미 188곳 등)에서 폭넓게 진행됐습니다. 무려 8만 3186명이 참여한 가운데 총 2380종, 4087만 1030마리를 관찰했다는데, 시민들의 힘으로 해마다 이렇게 방대한 자료를 생산한다니 놀라운 일이지요.

이 행사를 통해 육상 조류뿐만 아니라 물새를 비롯한 다양한 새를 함께 조사하고 그 결과가 겨울철 조류의 분포와 개체수 변동을 파악하는 데 아주 유용한 자료로 쓰입니다. 또한 단순한 조사에 그치지 않고 겨울철 조류 보호에 관한 일반의 관심을 불러일으키며 새를 잘 알지 못하는 사람도 숙련된 조사자와 함께 관찰을 경험할 수 있게 돕는 세계적 탐조 행사로 거듭났습니다. 시민의 힘으로 과학 자료를 만들어 가면서 조류 생태 교육과 인식 증진 프로그램도 함께 진행하는 것이지요.

함께 기록하고 공유하며 보호한다

이렇게 100년 넘는 역사가 있는 시민 과학 행사는 주로 북미와 유럽에서 진행돼 왔습니다. 탐조 인구의 저변이 워낙 넓은 데다 개체를 정확하게 동정하고 조사할 능력까지 갖춘 숙련된 탐조인이 많은 덕에 정부나 연구 기관이 큰 예산을 들이지 않고도 질 좋은 자료를 확보할 수 있었지요. 개발도상국이나 저개발국은 탐조 인구가 많지 않아 이런 자료 축적 경험이 거의 없었습니다. 하지만 21세기로 넘어오면서 양상이 크게 바뀌어, 전 세계에서 누구나 참여할 수 있는 시민 과학 프로젝트가 다양하게 시도되며 아주 성공적인 사례도 등장했습니다. 세계 구석구석에 보급된 인터넷 그리고 자연을 유심히 관찰하는 인구의 점진적 증가가 이런 확산의 배경이겠지요.

국경을 초월한 시민 과학 프로젝트를 대표하는 예가 '이버드(eBird)'입니다. 2002년에 미국 코넬대 조류학연구소와 국립오듀본협회가 공동 제작한 시민 참여형 조류 관찰 데이터베이스 플랫폼(https://ebird.org)이지요. 전 세계에서 새에 관심 있는 사람이라면 누구나 직접 관찰한 정보를 이곳에 등록할 수 있습니다. 어떤 새든 상관없고 관찰 시기와 장소에 대한 제한도 없어요.

이 프로젝트를 시작한 이유는 단순합니다. 전 세계에서 활동하는 탐조들인이 저마다 새 관찰 자료를 갖고 있지만 대부분 사장될 뿐 의미 있게 활용되지 못합니다. 연구자들은 이걸 한데 모을 수만 있다면 어떤 학술 자료보다 가치가 크다고 생각했습니다. 탐조인들 중에는 단순한 취미를 넘어 열정을 갖고 관찰 기록을 관리하는 분들이 많습니다. 자료를 잘 정리하기 위해 관련 프로그램을 구입해서 쓸 만큼 탐조를 체계적으로 하는 분도 있습니다. 이들은 한 해 또는 한 달 동안 새를 몇 종 보았으며 그중 처음 관찰한 새는 몇 종이고 특정 국가나 지역에서 관찰한 새는 몇 종이라는 등 스스로 탐조 활동 자료를 데이터베이스화해서 관리하고 통계를 정리합니다. 이버드는 바로 이런 기능이 있는 프로그램을 탐조인들에게 무료로 제공하고 전 세계 수많은 사람이 축적한 자료를 누구나 볼 수 있게 해서 언제, 어디에, 어떤 새가 출현하는지에 관한 궁금증을 풀어 줍니다. 현재 이버드에서 제공하는 '희귀조 알림 정보'도 탐조 인구가 많은 선진국에서는 전부터 월 회비를 받고 문자로 알려 주던 것입니다.

이렇게 탐조인에게 필요한 갖가지 기능을 무상 제공하며 이곳에 축적된 자료를 조류 연구와 보호를 위해 쓰게 해 달라는 요

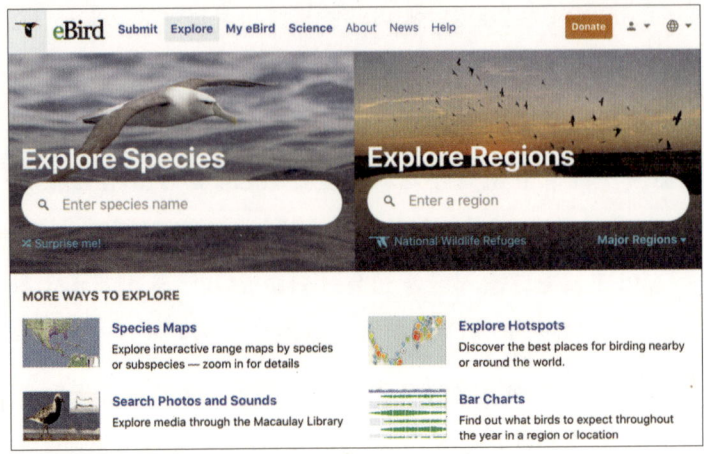

전 세계 탐조인들이 자발적으로 참여해 해마다 새 관찰 기록을 1억 건씩 쌓고 있는 '이버드'. 국경을 초월한 시민 참여형 데이터베이스 구축 플랫폼이다.

청에 많은 세계인이 응답했습니다. 2002년에 개설된 이버드에 2021년까지 10억 건이 넘는 관찰 자료가 축적되었고, 지금도 해마다 1억 건 이상의 자료가 쌓이고 있습니다. 만약 누군가 돈을 주고 조사를 시켜 이 자료를 모으려고 했다면 아마 수천 억 원은 들었을 겁니다. 하지만 이 프로젝트는 참여자들이 모두 자발적으로 자료를 만들어서 올리기 때문에 웹페이지 관리비 말고는 큰 비용이 발생하지 않습니다.

시민 과학자들이 쌓아 가는 자료의 힘은 정말 강력합니다. 과거에 조류의 분포를 파악하려면 정말 많은 문헌과 표본 자료를 정리하고 분석하면서 분포도를 그려야 했습니다. 문헌에 기록된 어떤 종의 분포 정보를 다음과 같이 가정해 봅시다.

'번식기에는 중국 동남부 지역에 분포하고, 월동기에는 베

트남 북부 지역에 분포한다.'

분포가 대강 머릿속에 그려지지만 지도에 표시하려고 하면 정확한 경계를 그리기가 매우 어렵습니다. 전문가들이 몇몇 장소에서 관찰한 내용과 표본 기록만으로 그린 분포도는 정확도 면에서 한계가 뚜렷합니다. 그 반면 시민 과학을 통해 이버드 사이트에 계속 저장 중인 자료는 세계 각지에서 다양한 시기에 관찰한 새의 구체적인 좌표, 개체수 같은 정보가 대량으로 누적되기 때문에 시기별 분포 변화를 정확하게 지도로 표현할 수 있습니다. 철새의 경우 실시간으로 달라지는 정보를 지켜보면서 번식지와 월동지의 위치는 물론이고 이동 경로까지 정확하게 파악할 수 있습니다.

이제 시민 과학은 현대 생물학 가운데 현장 자료가 필요한 분야에서는 떼려야 뗄 수 없는 부분이 되었습니다. 신뢰할 만한 자료가 많이 쌓이면서 학술적으로 적극 활용되고 있습니다. 현재 조류 분야가 가장 앞서가는 면이 있지만 식물·포유류·양서류·파충류·어류·곤충 등 시민 과학이 참여하는 분야는 계속 늘어나는 추세입니다.

인류의 시작과 함께한 생물학

앞에서 기후변화가 지구 생태계에 어떤 영향을 주고 어떤 변화가 이어질지를 조류 연구자의 관점에서 이야기했습니다. 이런 변화를 살펴보고 미래 상황을 예측할 자료를 쌓아 가는 데 시민 과학이 얼마나 중요한 구실을 하는지도 알아보았습니다. 그럼 생물학이 우리 앞에 예고된 암울한 미래를 대비하는 데는 어떤 도움을 줄 수 있을까요?

책의 제목이 '우리 일의 미래'라고 하니까, 생물 연구 계통에서 일하는 분은 구체적으로 자기 일의 미래가 궁금할 것 같기도 합니다. 일단 생물학자로서 제 바람이 담긴 낙관인지 모르겠지만, 저는 생물학이 인류가 존재하는 한 없어지지 않을 거라고 봅니다. 너무 걱정하지 마세요.(웃음) 왜냐하면 생물학이 학문으로 정의된 것은 인류의 긴 역사에서 최근이지만, 사실 인류가 생겨난 순간부터 존재했으니까요.

인류는 탄생한 순간부터 생존을 위해 주변 자연을 관찰하고 먹을 것을 찾아 채취하며 천적의 위협을 경계했습니다. 이렇게 주변을 관찰하고 탐색하며 정보를 축적하고 분석하는 행동이 바로 생물학의 정보 수집 과정이지요. 생물학은 생명현상을 규명하고 생물과 생물의 관계, 생물과 환경의 관계, 생물이 살아가는 모습들을 관찰하고 기록하고 분석해 원리를 찾아가는 학문입니다. 그리고 이건 사람이 진화의 시간에서 지구상에 등장한 때부터 늘 한 일입니다. 다만 AI가 빠르게 발전하면서 다양한 조사 기술과 분석법이 등장하고 있으니 미래 생물학의 연구 방법은 지금과 같지 않겠지요. 기술이 고도화, 자동화될수록 전문가의 영역은 변할 수 있습니다.

그럼 생물학은 그렇게 오랫동안 인류에 어떻게 기여했을까요? 이 질문은 '자연이, 생태계가 인류에게 무엇을 주었는가'로 바꿀 수도 있습니다. 그리고 지금 이 순간, 우리는 그 어느 때보다 이 점을 떠올리고 기억해야 합니다. 그래야 기후 위기가 코앞에 닥친 시대에 미래를 조금이라도 좋은 쪽으로 바꿀 수 있으니까요.

인류는 자연에서 실로 많은 것을 얻었습니다. 우리가 살아가는 데 필요한 먹을 것과 의약품은 물론이고 깨끗한 물과 공기 등 생존에 필요한 모든 것이 자연에서 옵니다. 우리는 자연을 관찰하고 이용하고 관리하면서 얻은 생물학적 지식을 총동원해 어쩌면 자연을 파괴하는 데 전력을 다하지 않았을까요? 반성이 필요한 때입니다. 그러나 지금도 우리는 자연에서 필요한 것을 얻기 위한 활동만 계속하고 있습니다.

다음 표는 우리가 자연에서 얻는 혜택을 요약한 것입니다. 생태계가 우리에게 주는 혜택이라는 뜻에서 이를 '생태계 서비스(ecosystem services)'라고 합니다. 우리가 의식하건 못 하건 간에 자연은 정말 많은 것을 주었습니다. 깨끗한 물과 공기, 먹거리가 모두 건강한 생태계에서 옵니다. 건강한 생태계는 수질 정화, 대기질 조절, 탄소 저장, 기후 조절, 자연재해 저감 같은 일도 하지요. 우리 실생활과 건강을 책임지는 다양한 생물 소재와 의약품 대부분도 자연에서 얻습니다. 이런 자연의 서비스 없이 우리가 정상적으로 생존할 방법은 없습니다. 여가와 관광, 예술적인 영감 같은 것까지 포함하면 자연이 우리에게 주는 서비스는 정말 무궁무진하지요.

제가 바로 앞에서 생물학은 사람이 사는 동안 계속 존재할

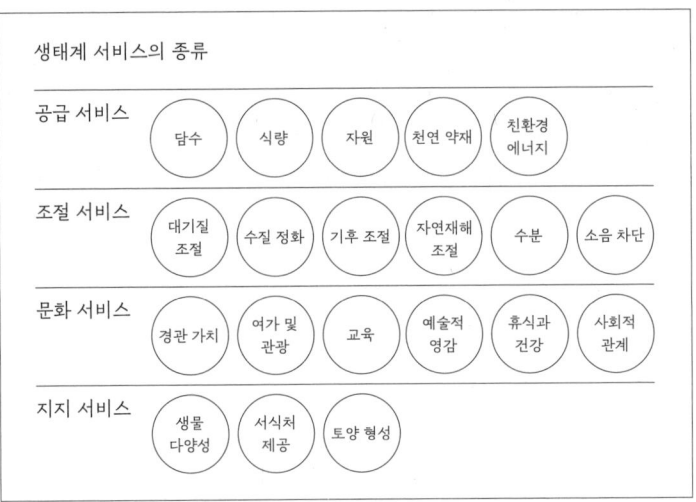

자연이 우리에게 준 혜택, '생태계 서비스'의 내용이 상상 이상으로 많다.
(출처: 국립생태원, 『우리지역 생태자산과 생태계서비스』, 2020.)

것 같다고 했는데, 이렇게 질문해 봅시다. '그런데, 사람은 지구상에 계속 살아남을 수 있을까요?' 기후 위기 시대에 미래에 대한 상상을 확장하다 보면, 우리가 현재와 같은 생활 방식 또는 자연을 이용하는 방식을 유지할 때 과연 생물종으로서 계속 지구에 살아남을 수 있을지를 묻게 됩니다.

자연이 우리에게 준 것을 기억해야 할 때

물고기를 주로 잡아먹는 물수리라는 새가 있습니다. 습지에서 살아가는 물수리가 만약 한 호수에서 사계절을 산다면 물고기가 충분히 공급된다는 뜻이겠지요. 물수리가 만약 수십 년 동안 계속 그 지역에 살고 있다면, 물수리가 잡아먹는 물고기의 양이 해마다 호수에서 물고기가 늘어나는 정도를 넘기지는 않을 겁니다. 이렇게 생물은 '증가분을 이용해서 살아갈 때' 생활을 지속할 수 있습니다. 한마디로 은행에 있는 원금을 유지하면서 이자로 생활하는 사람과 같습니다.

우리는 과연 이렇게 살고 있나요? 우리가 지금 지구상에 있는 생물, 생태계, 자연자원을 지속 가능한 수준으로 이용하고 있을까요? 우리가 자연의 원금을 그대로 유지하면서 이자만으로 생활하고 있을까요? 지구상의 많은 동물이 이자를 이용해서 살아갑니다. 만약 원금이 줄어들 만큼 지나치게 자원을 이용하는 종이 있다면 필수 자원이 부족해져서 결국 생존하지 못할 겁니다. 지금 우리는 어떤 상황일까요? 지구에서 함께 살던 많은 생물과 이들의 서식지가 줄어들거나 사라지고 있습니다. 이미 많은 종이 멸종했고 지금 멸종위기에 처했거나 지속적으로 감소하는 종이 많습니다. 그런데도 인류는 개발을 멈추지 않습니다. 그 탐욕으로 지구의 생물다양성이 심각한 위기에 빠졌는데도 말이지요.

자연자원이 줄어들고 생태계의 건강성이 훼손된다면 결국 우리가 자연에게서 얻을 수 있는 서비스도 줄어들거나 사라집니다. 자연을 남용한다는 것은 미래 세대가 쓸 자원을 앞당겨서 쓰고 있다는 뜻입니다. 이자뿐 아니라 원금까지 써서 자연자원이 바닥나고 있습니다. 그럼 미래 세대는 지구에서 어떻게 살아갈 수 있을까요? SF 영화에서처럼 우주에서 반짝이는 수많은 별들 중에 지구와 비슷한 환경인 곳을 찾아 떠나야 할까요? 과연 그게 가능할까요?

작은 얼음을 붙들고 선 다소 야윈 북극곰 사진을 본 적이 있을 겁니다. 기후 위기를 단적으로 드러내는 이미지로 강한 인상을 남겼습니다. 북극의 빙하가 줄어들면서 얼음이 사라지고 먹이를 구하기 어려워진 북극곰의 처지를 잘 보여 줍니다. 그런데 지금 우리 상황도 북극곰과 다르지 않습니다. 얼음을 지구로 생각하고 그 위에 사람이 있다고 상상해 보세요. 건강한 생태계가 사라지고 자연자원이 점점 고갈되는 지구에 아슬아슬 발 딛고 있는 우리의 처지가 보일 겁니다.

많은 분들이 착각하고 있는데요, 기후변화와 생물다양성 문제는 지구의 문제가 아닙니다. 바로 우리의 문제입니다. 지구가 아프고 지구에 문제가 생길 경우 우리는 더 심하게 앓고 심각한 문제를 겪겠지만, 우리 인류에게 문제가 생기고 나빠져서 지구에서 사라진다고 해도 지구는 아무 문제 없습니다. 지금까지 알려진 많은 생물학 연구와 모니터링 결과는 지구의 많은 생물종이 사라지는 데 인류가 엄청나게 기여했다고 알려 줍니다.

이런 상황에서 꼭 기억해야 할 게 있습니다. 지구의 자연자원은 유한하다는 것, 즉 이용하는 데 한계가 분명하고 양이 정해져 있다는 겁니다. 또한 우리도 생태계의 일부라는 것을 인정해야 합니다. 현재 다양한 생물이 겪고 있는 어려움은 우리 미래를 보여 주는 예고편입니다. 생태계의 다양한 구성원과 함께 살아갈 방법을 지금이라도 적극적으로 고민하고 찾고 실천하지 않는다면,

우리의 미래는 매우 큰 위기를 맞게 될 것입니다.

살리는 것도 사람이 할 수 있는 일이다

이 글을 시작할 때 2024년에 지구에서 아예 사라졌다고 발표된 도요새 이야기를 했습니다. 사라진 새는 이 종만이 아닙니다. 21세기에 멸종한 또 다른 종으로, 2000년에 사라졌다고 공식 발표된 스픽스금강앵무(Spix's Macaw)가 있습니다. 브라질 아마존 지역에 살던 앵무새인데, 멸종하는 순간까지 우리의 관심을 거의 받지 못했습니다. 21세기 초입에 우리는 새로운 세기를 맞이하는 흥분을 즐기고 있었지요. 그때 야생에서 한 생물종이 사라졌다는 소식은 크게 주목받지 못했습니다.

그런데 다행스럽게도, 야생에서 멸종되었다던 스픽스금강앵무가 사육 상태에서 생존 중인 사실이 밝혀졌습니다. 가뜩이나 서식지 파괴로 개체수가 줄던 시기에 반려동물로 인기가 높아지자 밀렵꾼이 잡아 판 것이 멸종의 주된 원인이었는데, 아이러니하게도 사육 상태에 있던 소수 개체가 종의 명맥을 유지한 겁니다. 이때부터 20여 년간 이 집단을 증식해서 야생으로 돌려보내기 위해 연구자들이 많은 노력을 기울였습니다. 그리고 2023년부터는 원래 이 종이 살던 아마존 우림에 인공 증식 개체를 복귀시키는 방사 계획을 실행했습니다.

이렇게 사육 상태에서 인공 증식한 개체를 자연에 방사해 종을 복원하려는 사례가 최근 늘고 있습니다. 우리나라도 따오기와 황새 복원에 힘을 쏟고 있습니다. 우리나라에서 번식하던 황새는 1971년에, 월동하던 따오기는 1970년대 말에 명맥이 끊겼습니다. 다행스럽게 두 종은 해외 동물원과 전문 사육 시설에서 번식하기 때문에 일부 개체를 국내에 도입해 종 복원을 시도할 수 있었습니다. 2008년에 중국에서 따오기 한 쌍을 들여온 복원 팀이 2019년 5월 22일, 생물다양성의 날을 기념해 경남 창녕 우포늪에 40마리를 방사했습니다. 그 뒤 해마다 따오기를 방사했고 2021년 4월에는 야생 번식에 성공합니다. 황새는 2015년 이후 충남 예산을 중심으로 인공 증식한 개체의 방사가 계속 진행돼 지금은 해마다 야생에서 황새가 태어나고 있습니다.

이렇게 한번 야생에서 사라진 종을 옛 서식지에 되살려 놓으려면 방사를 위한 개체 확보가 꼭 필요합니다. 황새와 따오기는 다른 나라의 사육 개체를 도입해 증식 후 방사할 수 있었는데, 세계적으로 멸종했다면 이런 시도조차 할 수 없습니다. 그래서 멸종위기종을 전문적으로 사육하고 증식하는 시설이 중요합니다. 생물종을 사육하면서 보전을 위해 생태와 번식 방법을 연구하는 기관을 '서식지 외 보전 기관'이라고 합니다. 멸종위기종을 전문적으로 연구, 관리하는 국가기관과 민간기관이 있지만 동물원도 이런 일을 해야 합니다.

요즘 동물원이 생명 윤리 문제와 관련해 안 좋은 평가를 받고 있지요. 동물의 생명보다 수익을 우선시하고, 동물에게 필요한 생태 환경을 제공하지 않으며, 사람의 즐거움을 위해 생명을 전시

야생에서 사라진 종을 옛 서식지에 되살려 놓으려면 방사를 위한 개체 확보가 필요하다. 1970년대 국내에서 멸종되었던 황새(아래)와 따오기(위)는 다행히도 다른 나라에서 사육 개체를 도입해 증식 후 자연으로 돌려보내는 데 성공했다.

하는 비윤리적 행위를 비판하면서 동물원의 존립에 의문을 제기하는 사람이 많습니다. 그렇지만 세계적으로 동물원이 하는 일은 전시만이 아닙니다. 오늘날 동물원은 '야생동물의 서식지 외 보전 기관'으로서 유전적 다양성 감소나 멸종으로부터 종을 지키는 일을 해야 합니다.

스픽스금강앵무 복원 계획이 성공할지는 아직 알 수 없습니다. 멸종시키기보다 복원하기가 훨씬 더 어렵습니다. 멸종의 원인을 제거하는 것이 첫 단계일 텐데, 종이 사라진 원인은 대개 서식지 파괴와 감소입니다. 아마존 우림이 엄청나게 줄어든 상황에서 복원이 쉬운 일은 아니겠지요. 그래도 야생에서 사라진 종을 복원하기 위한 첫걸음을 내디뎠다는 점에서 큰 의미가 있습니다. 방사 지역을 중심으로 스픽스금강앵무의 서식지를 보호하고 관리하기 위해 노력하고 있으니, 이들이 야생에 잘 적응해 개체수가 자연 증가하는 희망적인 결과를 기대해 봅니다.

종 하나가 사라진 것을 소개하면서 시작한 글을 사라진 종의 복원 시도 소식을 전하며 마무리하려고 합니다. 종의 복원 이야기를 마지막으로 하는 것은, 사람이 생물과 서식지를 없앴지만 결국 되살리는 것도 사람이 할 수 있는 일이기 때문입니다. 지금 하는 선택으로 우리 미래를 결정하고 지구 생태계의 미래까지 좌우할 수 있습니다. 지금 우리는 인류 역사상 가장 중요한 결정을 앞두고 있는지도 모릅니다. 우리는 어떤 선택을 하게 될까요?

Q & A

(Q) '시민 과학' 이야기가 무척 흥미롭습니다. 위키피디아가 오프라인에서 작동하는 모습처럼 느껴지기도 하는데, 우리가 일상에서 할 수 있는 구체적인 시민 과학 행동이 뭘까요?

(A) 주변에서 관찰한 다양한 동식물 사진을 찍어서 시민 과학 자료로 등록해 보면 좋을 듯합니다. 동식물 모든 종을 대상으로 자료를 축적하는 국제적인 프로젝트 '아이내추럴리스트 iNaturalist(www.inaturalist.org)'가 아주 성공적으로 진행되고 있습니다. 2008년에 처음 자료를 모으기 시작한 이후 2025년 4월 현재 전 세계에서 356만 명이 넘게 참여해 총 51만 3397종에 관한 자료 2억 326만 건을 모았습니다. 엄청난 양과 속도지요.

국내에서도 이와 비슷한 '네이처링(www.naturing.net)'이 진행되고 있습니다. 누구나 자신이 관찰한 다양한 생물의 사진을 찍어서 등록할 수 있습니다. 종의 이름을 몰라도 괜찮습니다. 이름 없이 등록된 생물은 전문가나 경험 있는 사람이 이름을 제안해 줍니다. 종을 구별하지 못하는 사람도 자료를 모으는 데 함께할 수 있으니 진정 '누구나 참여할 수 있는' 시민 과학 프로젝트로서 성공적으로 자리 잡았습니다.

(Q) 겨울철에 독수리 먹이 주기와 같이 야생동물 보호를 위한 인위적 활동을 보았습니다. 자연에 개입하는 인간의 활동을 어디까지 허용할 것인가라는 문제에 대해 어떻게 판단해야 할까요?

[A] 야생동물 먹이 주기 같은 활동이 생물의 본능에 영향을 미치고 생태계를 교란할지도 모른다는 우려의 시선이 있습니다. 이런 질문에 곧바로 분명하게 답하기는 어렵습니다. 종을 비롯해 서식지, 계절, 주변 상황을 종합적으로 고려해서 판단해야 하지요. 야성이 살아 있는 건강한 생태계에서 잘 사는 종에게 인위적인 조치는 필요 없습니다. 하지만 사람이 교란하고 파괴한 생태계에서 개체수가 줄어들고 생존에 어려움을 겪는 종에게는 일시적인 먹이 주기 같은 최소한의 보호 조치가 종의 보존을 위해 필요합니다.

한국처럼 좁은 면적에 많은 사람이 살면서 개발 강도가 센 나라에서는 이미 많은 야생동물의 서식지가 사라졌고 얼마 안 남은 서식지도 질이 뚜렷하게 떨어진 상태입니다. 한마디로 사람이 교란하지 않은 환경이 거의 없습니다. 이런 상황 속에서 우리가 자연에서 벌어지는 일이라며 최소한의 개입도 하지 않는다면, 우리 잘못으로 망가진 생태계를 모르쇠로 방치하는 것에 가깝습니다. 그래서 야생동물의 생존이나 자연환경에 심각한 문제가 있다면 시기와 방법, 범위에 대해 신중하게 고려하고 적절한 수준에서 개입하는 것을 긍정적으로 검토할 필요가 있다고 생각합니다.

3장 책-출판-책방,
오래된 아날로그
세계를 지킨다는 것

한미화

❝

책과 출판 그리고 책방의 이야기는 단순하지 않습니다. 인간이 문자를 발명한 뒤 책이 등장했고, 이것을 만들고 파는 이들과 함께 인류의 역사가 이어져 왔습니다. 그러니 책과 책방의 미래를 만나려면 역사성을 먼저 살필 필요가 있습니다.

1800년대에 이르러 책과 출판과 서점이 오늘의 모습으로 자리 잡았습니다. 그리고 1900년대는 서점의 시대입니다. 종잇값이 저렴해지고, 문고본이 등장하고, 도로망이 정비되면서 책 한 권을 많은 독자가 동시에 읽을 수 있게 됐습니다. 대형 서점도 등장해 책 관련 산업이 규모의 경제체제를 갖췄습니다.

이렇게 만들어진 전통적 책의 생태계가 디지털 변혁기를 맞아 위협받고 있습니다. 서점 강국으로 불리는 일본이나 프랑스도 예외가 아닙니다. 심지어 존재론적 질문에 직면했습니다. 언젠가부터 '종이책은 앞으로도 존재할까요? 서점의 미래는 있을까요?'라는 질문이 따라다닙니다. "오래된 서점은 이제 필요 없어질까요?"라는 질문의 답을 역사의 궤적에서 그리고 현재의 모색에서 찾아봅니다. 책 한 권을 만나러 책방을 찾는 일이 어쩌면 우리의 존재 이유와 맞닿아 있지 않을까 생각합니다.

❞

한미화, 대한민국 출판평론계의 대표적 이름

출판평론가. 1994년 출판계 입문 후 31년 동안 이 세계에 복무했다. 객관을 표방한 냉정한 비판을 담은 평론에 사람들이 주목할 때 그는 언제나 책 생태계의 지속과 발전을 향한 응원을 맡아 글의 행간에 실었다. 주요 저서로 『동네 책방 생존 탐구』, 『유럽 책방 문화 탐구』 등이 있다. 이 가운데 『동네 책방 생존 탐구』는 국내 책방 문화를 다룬 책 중 최초로 일본에서 번역 출간되었다.

책, 오래된 역사를 지녔으나 여전히 혁신적인

안녕하세요. 출판평론가로 일하는 한미화입니다. 저는 책과 출판과 책방의 어제와 오늘에 관한 이야기를 하려고 합니다. 크게 보면 출판 산업에 관한 이야기입니다. 같은 책에 실릴 여러 선생님의 강연을 떠올리며 제 이야기가 어느 분의 이야기와 짝이 될 수 있을지 궁리해 봤습니다.

가장 먼저, 제 이야기 뒤로 이어지는 장일호『시사IN』기자의 '나와 당신을 연결하는 미래의 뉴스'를 떠올렸습니다. 활자 인쇄 매체의 미래가 암울한 시대니까요. 한데 심심찮게 거론되는 책의 '종말'이라는 말을 떠올리고 보니 앞에서 조류학자 박진영 선생이 들려준 '기후 위기 시대에 새를 연구한다는 것'과도 어울리지 싶었습니다. 종이책이 사라지지 않을까 하는 위기의식이 있으니까요. 이렇게 생각하면 좀 서글프지요. 하지만 이 책의 문을 여는 정원가 김봉찬 선생의 '이제는 땅이 원하는 정원 디자인을 해야 할 때' 이야기가 그 자체로 위안이 되더군요. 작고 보잘것없는 존재들의 가능성을 발견해 주는 것 같았습니다. 많은 분들이 저처럼 느끼지 않으실까 싶습니다. 그런데 장일호 기자의 이야기에 이어지는 문화비평가 손희정 선생의 "'좋아요' 너머의 페미니즘'에 관한 이야기와 임소연 선생의 '인류 최고의 과학기술은 아직 오지 않았다'는 이야기를 떠올리면서 또 새로운 지점에 이르렀습니다. 이 두 분의 이야기는 책 또는 출판과 얼핏 크게 달라 보이지만 본질은 닮았다는 생각이 들었습니다.

 출판 산업에 관한 이야기에 대중의 뜨거운 관심이 집중되지는 않습니다. 시장이 작고, 돈이 되는 이야기가 아니니까요. 역설적으로 그래서 미래를 살아가는 힘이 될 수 있겠다 싶었습니다. 어느 시대나 변방의 '급진성'이야말로 미래를 만들고, 결국 인간을 살리니까요.

 출판 산업은 오래된 아날로그의 세계입니다. 하지만 탄생부터 지금까지 언제나 꿈을 꾸는, 늙지 않는 미디어라는 본질이 있습니다. 제가 좋아하는 그림이 하나 있어요. 비토리오 마테오 코르코스(Vittorio Matteo Corcos, 1859~1933)의 〈꿈(Sogni)〉입니다. 읽던 책을 벤치에 두고 턱을 괸 채 먼 곳을 바라보는 여성을 담았는데, 이 여성의 모습이 책 읽는 사람의 자화상 같아요. 책은 '여기'가 아니라 '저기'를 꿈꾸게 하지요. 각 분야에서 열정적으로 활동하는 다른 선생님들의 이야기를 들으면서 어떤 주제든 책이라는

비토리오 마테오 코르코스의 〈꿈〉.

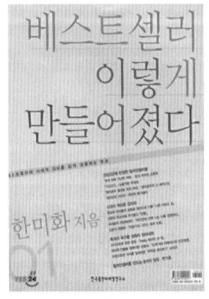
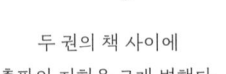

두 권의 책 사이에
출판의 지형은 크게 변했다.

그릇에 담을 수 있으며 책을 통해 꿈꿀 수 있다는 걸 다시금 확인했습니다.

본격적인 이야기에 들어가기 전에 제가 쓴 첫 책을 보여드립니다. 2001년에 펴낸 『베스트셀러 이렇게 만들어졌다』입니다. 최근 쓴 책은 2024년에 나온 『유럽 책방 문화 탐구』입니다. 이 두 권 사이에 거의 25년 세월이 있습니다.

제가 출판 동네에 들어온 지 어느덧 30년이 넘었고요, 그사이 출판 산업에 많은 변화가 일어났지요. 누구나 자기 삶은 파란만장한 법이지만, 더듬어 보면 지난 30여 년 동안 출판 산업은 정말 큰 파고를 겪었습니다. 이 시간과 사건을 다 말하지 못하는 게 아쉬워서 두 책 사이에 상징적으로 점 30개를 찍어 달라고 편집자에게 부탁했습니다. 눈 밝은 분이 있다면 점이 몇 개인지 헤아려 보세요. 혹시 몇 개 더 있거나 빠졌어도 그러려니 해 주시고요.

지난 30여 년 동안 출판 산업이 큰 파고를 겪은 것은, 이 세계가 독자적으로 존재하지 않기 때문입니다. 출판 산업은 사회와 문화 그리고 기술 발전과 긴밀하게 연결되어 있습니다. 지금은 디지털 변혁기를 맞아 또 크게 변하고 있습니다. 변혁기에는 언제나 과거와 미래의 기술이 공존하다 차츰 어떤 것은 살아남고 다른 것은 사라집니다. 어떤 것이 살아남는다고 확신할 수는 없습니다. 과거에도 그랬어요. 그나마 할 수 있는 것은 과거에 비춰 미래를 짐져 보는 일입니다. 그럴 수는 있습니다.

지금 독자가 아는 책, 저자, 출판사, 서점의 세계가 있습니다. 여기에는 일종의 전형성이 있습니다. 한데 궁금하지 않으세요? '언제부터 교보문고 같은 대형 서점이 존재했을까요?' '언제부터 저자가 인세를 받았을까요?' '전문 편집자는 언제 등장했을까요?' 모두 근대 출판 산업의 출발과 연관됩니다. 시작을 살펴보면, 우리가 겪고 있는 변화가 좀 더 선명해집니다. 따라서 지금부터 제가 들려드리는 이야기는 어제와 오늘을 잇고 그 안에서 미래의 징후를 찾아보는 방식으로 진행하려고 합니다.

먼저 마리옹 바타유(Marion Bataille, 1963~)의 『ABC 3D』라는 책을 보여드리면서 시작할게요. 사실 책은 아주 평평한 미디어입니다. 어린이를 위한 소리 나는 책이 있기는 해도 대개 책은 활자와 이미지만 담겨 있지요. 책에 담긴 이미지가 자동으로 움직이지는 않습니다. 평면적인 2차원의 미디어일 따름입니다. 동영상이 등장해 책과 경쟁하자, 책의 평면성을 극복하려는 노력이 꾸준히 이어졌습니다. 한계를 극복하려고 애쓰다 보니 처음에는 생각하지 못한 아름다운 책을 만들기도 했습니다. 바타유의 책이 그런 경우입니다. 이 책은 흔히 말하는 'ABC 책'입니다. 어린이들이 알파벳을 배우는 책이지요. 이런 책의 구성은 천편일률적입니다. 사과 그림과 영어 단어 '애플(apple)'을 짝지어 보여 주는 식이지요. 우리 마음속에 '이런 책은 이렇지' 하는 고정관념이 있어서, 『ABC 3D』를 처음 보면 탄성이 나옵니다. 책장을 넘길 때마다 알파벳이 책에서 살아납니다. A부터 Z까지, 알파벳이 조형성을 지녔습니다. 책의 경계를 허물고 예술적인 책의 모습을 보여 줍니다.

색다른 시도를 했지만, 『ABC 3D』는 책입니다. 우선 앞표지가 있고요, 책등과 뒤표지도 있습니다. 또 종이 낱장이 옆으로 묶였죠. 이렇게 책의 물성을 그대로 간직하고 있습니다. 책은 오래전부터 필요에 따라 만들어진 발명품의 총합입니다. 예를 들어, 종이 낱장을 한쪽으로 묶는 코덱스 제본 방식은 무려 기원후 1세기쯤에 발명되었습니다. 굵게 둘둘 말린 종이나 양피지를 떠

마리옹 바타유의 『ABC 3D』.

올려 보면 이 제본법이 발명의 결과라는 말을 바로 수긍할 수 있을 겁니다. 책 한 권을 이루는 여러 요소는 모두 이유가 있어서 생겼고, 그렇게 만들어져서 오늘날까지 이어져 왔습니다.

지금 여러분 가방 속에도 책 한 권은 있겠지요. 요즘 세상에 흔하디 흔한 책 가운데 한 권으로 여기지 말고 수천 년의 역사가 담긴 책이라는 걸 기억해 주세요. 책은 물성만으로도 오랜 역사를 담고 있어요. 하지만 여전히 방대한 정보를 체계적으로 담기에 가장 적합한 인간의 뛰어난 발명품입니다.

작가를 탄생시킨 저작권법

문자가 만들어지고 책이 생겨난 것은 수천 년 전 일입니다. 하지만 여러분이 접하는 출판 산업의 모든 서비스가 오늘날과 같은 모

습으로 자리 잡기 시작한 때는 1700년에서 1800년쯤입니다. 저작권과 관련된 일부터 살펴봅시다.

저작권 보호가 지금은 상식입니다. 하지만 처음부터 저작권법이 존재하지는 않았습니다. 1710년, 영국의 앤(Anne, 1665~1714, 재위 1702~1714) 여왕 시대에 저작권법이 처음 만들어집니다. 그 전에는 출판 서점 업자와 저자가 개인 대 개인으로 계약했습니다. 사적인 계약일 뿐이었지요. 다시 말해, 이와 관련한 법률이 제정되어 있지 않았습니다. 그러니 공적으로 저자의 권리를 인정받기는 어려웠습니다. 저작권법이 존재하지 않아서 보호받을 수 없었고, 보호해야 한다는 개념도 거의 없었습니다.

1600년에서 1700년대 사이에 활동한 서적상들에 대한 기록이 남아 있는데, 이들이 얼마나 악명 높은 장사치였는지 알려 주는 것이 대부분입니다. 당대 유명인의 강연록이나 저작물을 허락 없이 가져다 복제본을 만들어 팔았다고 해요. 남의 책을 허락 없이 짜깁기해 팔기도 했지요. 이런 일이 생기자 분노한 저자들이 서적상과 다투기도 했습니다. 이 다툼에 대한 기록이 남아, 악명 높은 서적상의 이름이 오늘날까지 전합니다. 이 기록을 누가 남겼을까요? 적어도 서적상은 아닐 겁니다. 글을 쓴다는 것이 이렇습니다. 기록하는 자가 이깁니다. 만약 서적상 가운데 누군가 기록을 남겼다면, 거기에는 또 다른 이야기가 있을지도 모릅니다.

이런 다툼이 일어나고 그에 대한 기록이 남았다는 건 당시 저작권을 둘러싼 분쟁이 꽤 심했다는 뜻이겠지요. 그래서 1710년에 영국에서 처음으로 저작권법이 만들어집니다. '앤 여왕 법

(Act of Queen Anne)'이라고 합니다. 영국 여왕이 여럿 있잖아요. 엘리자베스 1세(Elizabeth I, 1533~1603, 재위 1558~1603)와 빅토리아(Victoria, 1819~1901, 재위 1837~1901) 여왕 시기에 영국이 번성해서 우리에게 익숙해요. 한데 앤 여왕은 다른 여왕들에 비해 덜 유명합니다.

저도 사실 저작권법을 공부하면서 앤 여왕에 대해 좀 더 알게 됐습니다. 마침 앤 여왕을 다룬 〈더 페이버릿: 여왕의 여자(The Favourite)〉라는 영화가 있습니다. 앤 여왕과 두 여성 사이에 일어난 삼각관계를 통해 당대를 보여 주는데, 앤 여왕을 상당히 무능한 인물로 그립니다. 아마도 앤 여왕과 가깝던 귀족 여성 세라 처칠(Sarah Churchill, 1660~1744) 때문이 아닌가 싶습니다. 제2차 세계대전을 승리로 이끈 영국 총리 윈스턴 처칠의 조상입니다. 세라 처칠은 어릴 때 앤과 친구였고 나중에는 앤 여왕을 대리해 통치하다시피 했습니다. 하지만 결국 앤 여왕이 세라 처칠을 내칩니다.

문제는 세라 처칠이 앤 여왕보다 무려 30년을 더 살았다는 겁니다. 자서전도 썼어요. 세라 처칠이 자신을 쫓아낸 앤 여왕에 대해 좋은 이야기를 썼을 리 없겠죠. 특히 영화에서 경쟁자로 등장하는 애비게일과 앤 여왕의 관계에 대해 음란한 시를 써서 퍼트리기도 했다는군요. 아마 이런 영향이 남아 앤 여왕에 대한 평가가 더 박하지 않나 싶습니다. 영국의 악명 높은 서적상도 앤 여왕도 제대로 알려면 역사를 누가 기록했는지, 그 관점을 살펴야 합니다. 무엇보다 오래 살아서 기록을 남겨야 합니다. (웃음)

앤 여왕에 대해 길게 이야기하는 이유가 있습니다. 저작권법이 생긴 시대의 분위기를 떠올려 보면 좋을 듯하기 때문입니다. 앤 여왕이 집권하던 시대에 저작권법이 만들어지고 정착했습니다. 그러자 어떤 일이 일어났을까요? 바로 작가가 탄생했습니다. 그 전에는 작가가 없었을까요? 아니죠. 그 전에도 글쓰는 사람은 있었습니다. 하지만 글을 써서 돈을 벌 수는 없었습니다. 독일의 구텐베르크가 1450년경에 인쇄기를 발명했지만 그 뒤 인쇄술이 등장하고도 꽤 오랫동안 책값은 비쌌습니다. 누구나 살 수는 없었어요. 글을 쓰는 건 고급 취미였죠. 돈을 버는 일이 아니었습니다. 글을 쓰려면 집이 부유하거나 후원자가 있어야 했어요. 그런데 저작권법이 확립되자 저자가 자기 출판물에 대해 저작권을 독점적으로 인정받을 수 있게 됩니다. 이제 책을 펴내면 안정적으로 인세를 받게 된 거죠. 작가의 탄생을 가능케 한 것이 저작권법이라고 해도 과언이 아닙니다.

'앤 여왕 법' 제정 후 1800년대가 되면 여러분이 이름을 아는 작가들이 탄생합니다. 『오만과 편견』(1813)을 쓴 제인 오스틴과 『프랑켄슈타인』(1818)을 쓴 메리 셸리 같은 작가입니다. 1700년대 후반부터는 흔히 말하는 베스트셀러 작가도 등장합니다.

앤 래드클리프(Ann Radcliffe, 1764~1823)라는 여성 작가가 있습니다. 당대에 어마어마한 인기를 누렸어요. 고딕소설의 시조라고 알려져 있습니다. 대표작으로 『우돌포의 비밀(The Mysteries of Udolpho)』(1794)이 있고, 국내에는 『숲속의 로맨스』(1791)를 비롯해 몇 권의 책이 출간되어 있어요. 앤 래드클리프가 언론인과 결혼했는데요, 앤의 책이 아주 잘 팔리니까 남편이 하던 일을 그만둡니다. 그리고 둘이 유럽 여행을 다녔어요. 글 쓰는 사람들의 대표적인 '로망'을 앤 래드클리프는 200년 전에 이미 실현했습니다. 지금도 많은 이들이 꿈을 꾸지만 누구나 쉽게 할 수는 없는 일인데 말이죠. 어쨌든 1700년대 후반이 되면 베스트셀러 작가가 탄생할 만큼 작가라는 직업이 자리 잡습니다. 근대 출판이 이렇게 그 문을 열었습니다.

작가와 독자의 탄생, 뒤이어 등장한 대형 서점

저작권법 제정에 힘입은 작가들과 함께 근대 출판의 문이 열렸습니다. 그런데 이 문을 작가들만 연 게 아닙니다. 1700년대 초반에 신문이 등장합니다. 1702년에 영국 최초의 일간지 『데일리 쿠란트(The Daily Courant)』가 플리트 가에서 발행됩니다. 플리트 가는 이 무렵부터 신문사, 잡지사, 출판사의 거리로 자리 잡았습니다. 제가 런던에 여행 가면 1600년쯤 플리트 가에 문을 연 펍(pub)을 찾곤 하는데요. 이 오래된 펍의 단골이 누구였냐면 『영어 사전(A Dictionary of the English Language)』을 7년 만에 만들어 세상을 놀라게 한 편집자 새뮤얼 존슨(Samuel Johnson, 1709~1784), 『올리버 트위스트』(1838)를 쓴 소설가 찰스 디킨스 같은 문인 그리고 근처 잡지사와 신문사의 기자, 인쇄소에서 일하던 사람 들이었어요. 이들이 이용하던 펍이 지금까지 남아 있는 겁니다. 얼마 전까지만 해도 우리나라 신문사의 기자들이 낮술하는 모습을 심심찮게 볼 수 있었습니다. 어느 나라나 비슷한 직군의 오랜 습관은 닮은 듯합니다.

시간이 좀 더 흘렀습니다. 1830년대 초, 신문의 값이 저렴해집니다. 그러자 누구나 쉽게 신문을 읽게 됩니다. 신문에서 사람들이 가장 좋아하고 기다리며 읽던 것이 뭘까요? 연재소설입니다. 그들의 마음을 조금 알 것도 같습니다. 저도 그런 경험이 있거든요. 제10대 시절만 해도 신문 연재소설이 인기였어요. 신문이 오면 맨 처음에 연재소설과 스포츠 면을 펼쳐 읽었어요. 그때 한창 신문에 연재 중이던 최인호 작가의 『겨울 나그네』(1983) 다음 회를 친구들과 기다리며 읽던 기억이 납니다.

1800년대 무렵 신문 연재소설이 인기를 끌면서 여성들이 적극적인 독자로 참여합니다. 이때 읽기에 빠진 여성의 모습을 담은 그림 자료가 있습니다. 여성들이 집 안 거실에 모였습니다. 뭘 하고 있나 하면, 함께 신문을 읽어요. 한 여성이 앉아 있고, 두 여성이 어깨너머로 신문을 함께 읽습니다. 이렇게까지 읽고 싶은 지면은 딱 하나 아닐까요? 연재소설입니다. 신문 연재소설은 오늘날의 드라마는 저리 가라 할 정도로 다음 회를 궁금하게 하고 끝났습니다. 이 그림에서 재미난 게 몇 가지 더 있습니다. 오른쪽에 어린이 두 명이 앉아 있는데, 이 중 한 어린이가 책을 봅니다. 또 다른 여성과 뒤쪽의 남성도 각각 신문을 읽고 있습니다. 당시 폭이 넓어진 대중 독자의 모습을 그림 한 장면으로 보여 주네요. 이 그림은 1871년 11월 25일 자 『펀치(Punch, The London Charivari)』에 실렸습니다. 1841년부터 2002년까지 영국에서 발행한 『펀치』는

1871년 11월 25일 자 『펀치』에 실린 신문 보는 여성들의 그림.

세계에서 가장 오래된 만화 중심 주간지입니다. 신문, 잡지 만화의 시조로 불리지요.

작가와 독자가 탄생했으니 책을 팔 수 있는 조건이 갖춰졌습니다. 그러자 대형 서점이 생겨납니다. '뮤즈의 신전(Temple of the Muses)'이라고 불린 서점의 모습이 그림으로 남아 있습니다. 제임스 래킹턴(James Lackington, 1746~1815)이 1794년에 세운 서점으로 오늘날 대형 서점의 원조라고 봐도 됩니다. "1층이 워낙 넓어서 개업식에 말 두 마리가 끄는 마차가 지나갔다"는 기록이 있습니다. 당시 '뮤즈의 신전'을 담은 그림을 보면, 마차가 지니갈 정도는 이닌 것 같습니다. 래킹턴이 회고록을 썼는데, 아마도 거기에서 비

제임스 래킹턴이 1794년에 세운 서점 '뮤즈의 신전'을 보여 주는 그림.

롯한 기록이 아닌가 합니다. 역시나 자서전은 쓰고 볼 일입니다.

자, '뮤즈의 신전' 그림을 봐 주세요. 계산대에 직원이 대체 몇 명 있나요? 계산대가 이렇게 넓은 서점은 지금도 '교보문고' 정도가 아닐까요? 그림 왼쪽을 잘 보면 위층에도 갤러리가 있습니다. 위층에도 책을 전시했으니 상당히 큰 서점이었다는 건 분명합니다.

당시 서점은 오늘날 우리가 생각하는 서점과는 결이 조금 다릅니다. 책을 판매하는 서점일 뿐만 아니라 상업적 대여 도서관을 겸합니다. 대여 도서관은 한동안 성행한 책 대여점을 떠올리시면 됩니다. 대여점에서 만화책이나 무협지를 빌려 본 경험이 저만의 것은 아니겠지요? 책을 읽는 사람이 늘었어도 누구나 책을 사서 읽을 수는 없었습니다. 책값이 비쌌으니까요. 소설이 인기를 끌자 독자들이 돈을 내고 소설책을 상업적 대여 도서관에서 빌려 읽기 시작합니다. 당시 서점은 책을 판매하고 대여한 데다 출판도 했습니다. 이렇게 운영할 때 수익률이 가장 높았기 때문입니다. 래킹턴도 '뮤즈의 신전'에서 출판업을 겸했습니다. 1818년에 그가 한 여성 무명 작가의 소설을 책으로 펴냈는데, 초판이 500부 정도였다고 합니다. 이 소설이 바로 셸리의 『프랑켄슈타인』입니다.

런던에 여행 가는 사람들은 대부분 '런던 아이'나 '영국박물관'을 빼놓지 않고 방문합니다. 두 곳 다 어마어마하게 긴 줄을 만들지요. 피커딜리 서커스의 '포트넘앤메이슨'도 많은 사람들이 꼭 들르는 곳입니다. 다양한 식료품을 파는데 차가 워낙 유명합니다. 이 찻집 바로 옆에 또 유명한 서점이 있어요. 런던에서 가장 오래된 서점, '해처드(Hatchards)'입니다. 18세기 말에 문을 열었고 한 차례 이사를 거쳐 지금 자리에서 계속 영업하고 있습니다. '해처드'도 '뮤즈의 신전'처럼 상업적 대여 도서관을 겸했습니다. 당연히 출판도 했고요. 그 흔적이 지금도 있지요. 출판업과 서점을 겸한 두 곳을 통해 18~19세기 영국 출판업과 서적업의 모습을 엿봅니다.

출판의 전문화, 전문 편집자의 등장

저작권법 제정, 작가의 탄생, 독자와 서점의 등장 등 근대 출판 산업의 요건이 갖춰졌으니 이제 출판도 전문화됩니다. 인쇄술이 발명된 뒤 인쇄업자들은 자신이 인쇄한 책을 저마다 자기 영업장에서 팔았습니다. 다른 곳에서 책을 팔려면 운송과 관리가 필요한데, 이게 요즘처럼 쉬운 일이 아니었습니다. 가까운 한두 곳이라면 모를까 영국 전역 또는 프랑스 전역에서 원하는 대로 판매하기는 거의 불가능했지요.

요즘도 독립 출판물을 만드는 작가들이 있습니다. 책을 만들면 독립 출판물을 파는 서점에 직접 방문해서 자신이 만든 책을 입고하지요. 지금은 그나마 물류와 결제가 간편해서 이렇게 할 수 있지만 간단한 일은 아닙니다. 한데 지금으로부터 200여 년 전은 어땠을까요? 전국적인 유통망이 없고 책을 거간하는 도매상도 없으니, 인쇄한 책을 전국에 공급하는 건 매우 어려운 일이었어요.

책을 공급하는 전문 도매상은 20세기에야 등장합니다. 철도와 도로가 갖춰지고 나서야 책을 유통할 수 있었기 때문입니다. 그럼 그 전에는 어땠을까요? 방법은 있게 마련입니다. 일찍이 '프랑크푸르트 부흐메세(Buchmesse)', 즉 도서전이 생깁니다. 이곳에서 다른 인쇄업자들이 만든 책을 볼 수 있었어요.

당연히 오랫동안 출판과 인쇄업자 그리고 서점이 한 몸이었습니다. 직접 책을 만들어 직접 팔았어요. 이런 이유로 오래된 출판사의 역사를 살피면 서점으로 시작한 곳이 많습니다. 하지만 이런 방식은 출판 산업이 발전하면서 서서히 사라집니다. 영역별 전문화죠. 직접 인쇄한 책을 팔던 이들이 시간이 흐를수록 출판에 집중합니다. 출판이 갈수록 전문화되고, 요즘 편집자와 똑같은 일을 하는 전문 편집자가 등장합니다.

영국의 '존머리(John Murray)' 출판사를 예로 들 수 있습니다. 존 머리(John Murray, 1737~1793)가 1768년에 창업한 뒤 아들 존 머리 2세(John Murray II, 1778~1843)가 이어 간 가족 경영 출판사입니다. 우리나라에서도 '현암사', '민음사'와 '비룡소', '바람의아이들', '한림출판사' 등이 대를 이어 출판업을 하고 있으니 낯설지 않습니다. '존머리' 출판사는 특히 존 머리 2세와 3세가 경영할 때 내로라하는 저자의 책을 펴내면서 전성기를 누립니다. 존 머리 2세는 제인 오스틴, 월터 스콧(Walter Scott, 1771~1832), 조지 고든 바이런(George Gordon Byron, 1788~1824)의 책을 출간했어요. 또 사무실에서 작가들과 '오후 4시 친구'라는 티타임을 가졌어요. 저는 '이거 기획 회의네' 하고 생각했습니다. 출판사의 저자나 영향력 있는 지인들이 모여서 밥 먹고 차 마시고 술도 마셨다는 건데, 이러면서 새로운 작가 발굴과 기획으로 이어졌겠지요. 지금처럼요.

존 머리 2세는 홍보 마케팅과 저자 매니저 구실도 맡았습니다. 그가 오스틴의 소설 『에마』를 펴낸 뒤 사람들에게 알리기 위해서 당대 가장 유명한 작가 스콧에게 서평을 부탁해요. 그의 서평을 받아 잡지에 실었습니다. 익숙한 풍경 아닌가요? 요즘은 매체가 다양해져서 잡지와 신문뿐만 아니라 SNS까지 영역을 넓힌 것이 달라졌을 뿐, 지금도 편집자들이 새 책을 알리려고 하는 일이 비슷합니다. 일찌감치 존 머리 2세가 시작한 일을 오늘날 세상의 수많은 편집자들이 이어서 하는 셈이네요.

출판 산업 시스템을 새롭게 구축한 온라인과 AI

작가와 독자의 탄생, 이에 따라 등장한 서점 그리고 편집자의 전문화까지 꼬리에 꼬리를 물면서 이어지고 만들어진 시스템이 200~300년을 이어 옵니다. 물론 부분적으로는 변화를 겪으면서 말입니다. 예컨대 대형 체인 서점이 생기는 식으로요. 그렇지만 큰 흐름은 별다른 변화 없이 안정적으로 흘러옵니다.

그런데 1990년대 중반에 접어들면서 그 전과 전혀 다른 변화가 일어납니다. 변화라고 하기에는 너무 큰, 기존 시스템의 거대한 균열입니다. 우선 1994년 미국에서 온라인 서점 '아마존'이 등장합니다. 처음에는 구멍가게였습니다. 창업 때 사진을 찾아보면 정말 책상 하나 달랑 놓고 일해요. 책을 서점에서 직접 살펴보고 사는 것이 익숙한 기존 질서에서 아예 다른 세상을 펼쳐 보였습니다. '아마존'은 책을 주로 팔다가 음반과 비디오를 팔더니 점점 더 판매 상품을 다양화해서 뭐든지 다 파는 곳이 됐습니다. 온라인에서 물건을 사고파는 것이 점점 더 익숙해졌습니다. 그리고 '아마존'이 한 번 더 세상을 놀라게 합니다. 2007년에 전자책 단말기 '킨들(Kindle)'을 세상에 내놓은 겁니다. 2000년대 초 전자책이 등장하자 종이책의 종말이 코앞에 왔다고 난리가 났지요. 전자책이 종이책을 대체하거나 압도할 것이라는 전망이 쏟아졌습니다. 회계 경영 컨설팅 업체 중 매출액으로 세계 1위라는 '프라이스워터하우스쿠퍼(PwC)'는 2013년에 "향후 5년 이내에 전자책 시장이 종이책 시장보다 커질 것"이라고 했습니다. 아직까지는 이 예측이 틀렸다는 것을 여러분과 제가 모두 잘 압니다.

출판 산업의 변화는 계속 이어집니다. 변화의 폭과 강도가 갈수록 엄청납니다. 2023년 등장한 '챗GPT' 이야기를 빼놓을 수 없습니다. AI(Artificial Intelligence), 즉 인공지능은 그야말로 전에 없던 완전히 새로운 변화입니다. 글자 그대로 혁신적인 이 변화가 지난 300년 가까이 내려오던 출판 산업 시스템을 새롭게 구축하기 시작했습니다. 과연 무엇을 어떻게 바꾸고 있을까요? 지금부터 하나씩 살펴보겠습니다. 앞에서 과거를 함께 돌아보았으니 지금 우리가 겪는 변화를 좀 더 선명하게 느낄 수 있을 겁니다.

AI가 쓴 소설의 저작권에 대한 물음

첫 번째는 저작권 문제입니다. 저작권법이 오늘의 모습으로 자리 잡기까지 역사적으로 여러 난항을 겪었습니다. '앤 여왕 법'이 제정될 때 저작물은 출판 후 14년 동안 저작권을 보호받았습니다. 14년이 지난 뒤에도 작가가 살아 있다면 다시 14년을 보장받았습니다. 그 뒤에는 저작물이 공공재가 됩니다. 그러다 작가가 살아 있을 때는 말할 것도 없고 죽은 뒤 50년 동안 보장되던 시기를 거쳐 지금은 사후 70년 동안 저작권이 보장됩니다. 그 뒤에는 공공재가 되지요.

최근 몇 년 사이에 『동물 농장』(1945)과 『1984』(1949)를 쓴 조지 오웰의 책이 여기저기에서 출판되었습니다. 조지 오웰이 1950년에 세상을 떠났으니 그로부터 70년이 지나면서 생긴 현상입니다. 어떤 유명 저자의 책이 갑자기 한꺼번에 나온다면 '사후 70년이 지나서 이제 그 사람 작품은 공공재가 되었구나' 하고 생각하면 됩니다.

한편 저작권법은 아이디어가 아니라 창작자의 독창적인 표현을 보호합니다. 즉 "사상, 감정을 말, 문자, 음, 색 등에 의하여 구체적으로 외부에 표현한 창작적인 표현 형식"을 보호합니다. 그 반면 "표현되어 있는 내용, 즉 아이디어나 이론 등의 사상 및 감정 그 자체는 설사 그것이 독창성, 신규성이 있다 하더라도 소설의 스토리 등의 경우를 제외하고는" 저작물로 인정되지 않습니다. 2025년 '오픈AI'가 일본 애니메이션 스튜디오 '지브리' 스타일 이미지 변환 서비스를 시작해 큰 인기를 얻었습니다. 한데 이 서비스가 저작권법을 어긴 게 아닐까요? '오픈AI'가 '지브리'의 애니메이션을 '챗GPT'에게 학습시킨 것은 분명해 보입니다. 그렇지만 '지브리' 애니메이션의 캐릭터나 장면을 그대로 쓰진 않았지요. 사진을 '지브리' 스타일로 바꿀 뿐이에요. 표현을 그대로 베끼지 않고 아이디어를 가져왔으니 저작권법 위반은 아닙니다. 저작권법이 이렇게 정의된 데는 이유가 있습니다. 아이디어를 특정인의 배타적인 권리로 인정하면 자유로운 창작 행위를 침해할 소지가 있기 때문입니다.

작가가 자신이 창작한 저작물에 대한 권리를 보호받는 것이 당연한 시대를 꽤 오래 이어 왔습니다. 작가라면 저작물의 완전성을 인정받고 저작권을 보장받았어요. 그런데 AI 때문에 변화가 일어나고 있습니다. AI는 기존 책이나 신문이나 잡지를 학습해서 이를 바탕으로 글을 쓸 수 있습니다. 그림도 그리고, 음악도 만듭니다. 그럼 AI가 만든 창작물의 저작권은 진정 누구에게 있을까요?

현행 저작권법은 인간의 저작권만 인정합니다. 기계가 쓴 글의 저작권은 인정하지 않습니다. 현실적으로 이런 일이 생기지는 않겠지만, 제가 거칠게 단순화한 가정을 물어보겠습니다. 만약 인공지능이 쓴 소설이 베스트셀러가 된다면 어떻게 될까요? 이런 경우 기계가 쓴 글은 저작권이 없으니 복제 출판을 해도 법률 위반은 아닙니다. 인공지능이 쓴 베스트셀러를 누구나 복제해서 책으로 팔아도 문제없다는 뜻입니다. 순식간에 '앤 여왕 법'이 존재하지 않던 시대로 돌아가는 셈이죠. 물론 현실은 좀 다릅니다. 예컨대 '카피 트랩(copy trap)'이라는 기술로 전자책에 덫을 놓아 저작권 도용을 확인할 수도 있습니다. 또한 AI가 썼어도 인간의 편집이 더해졌다면 기계가 쓴 것으로 보지 않습니다. 그러니 인공지능이 쓴 소설이라도 마음대로 복제해서 판매할 수 없습니다.

제가 강조하고 싶은 것은 저작권법의 토대에 대해 강력한 의문이 제기되었다는 사실입니다. 다시금 저작권법 보완과 기술 관련 문제기 불기길 수밖에 없습니다. 2023년에 미국의 유명 출판사 '크노프(Knopf)'와 책 두 권을 계약한 소설가 하리 쿤즈루(Hari

Kunzru, 1969~)가 "내 작품을 AI 훈련에 사용할 수 없다"고 계약서에 명시한 사실이 알려졌고, 『뉴욕타임스』가 '오픈AI'와 '마이크로소프트'를 상대로 저작권 침해 소송을 제기한 것도 이목을 끌었습니다.

저작권 문제와 관련해 2024년 뉴욕 링컨센터에 오른 연극 〈맥닐(McNeal)〉 이야기를 잠시 할게요. 영화 〈아이언맨〉으로 유명한 배우 로버트 다우니 주니어가 주연을 맡아서 화제가 됐습니다. 연극은 맥닐이라는 소설가의 이야기입니다. 노벨 문학상을 받았지만 작가로서 정점을 지나 술주정뱅이가 된 사람이에요. 그가 '챗GPT'에게 과거의 위대한 작품, 예컨대 셰익스피어, 카프카, 입센, 플로베르 등의 작품을 입력시킵니다. 인공지능을 학습시키는 거죠. 그런 다음에 입력된 작품을 교묘하게 짜깁기해서 자전적 소설을 씁니다. 충분히 가능한 일입니다.

이 연극의 대본을 쓴 아야드 악타르(Ayad Akhtar, 1970~)는 맥닐이 인공지능이 쓴 듯한 글을 독백하는 마지막 장면을 구상했어요. 이 장면의 대사를 얻을 최고의 방법은 맥닐처럼 해 보는 거죠. 악타르는 인공지능을 학습시켜 원고를 생산합니다. 셰익스피어 스타일의 연설을 만들라고 인공지능에 주문해 만족스러운 결과를 얻었습니다. 리허설에서 출연진에게 그 글을 읽어 주니 배우들이 깜짝 놀랐다고 합니다. 이런 과정을 거쳐 〈맥닐〉을 쓴 작가 악타르는 인공지능을 찬양하는 대신 이렇게 말해요. "인공지능이 작가를 대체할 수는 없을 것 같다. 다만 인공지능이 작가를 더 훌륭하게 만들 수도, 더 형편없게 만들 수도 있을 것 같다." 결국 AI

시대에 글을 쓴다는 건 무엇인가를 연극이 말하지요.

얼마 전 글쓰기 워크숍을 진행하던 후배에게도 비슷한 이야기를 들었습니다. 예비 작가들이 차례를 잡고 글을 쓰는 워크숍이었습니다. 현직 논술 강사라는 분이 '챗GPT'에게 책의 차례를 구상하라고 했다는군요. 놀란 후배에게 그분은 "글 쓰는 거 어렵지 않아요. '챗GPT'한테 시키면 돼요"라고 말했답니다. 저는 그분에게서 대체 어떤 글이 나올지 궁금해하고 있습니다. 인공지능이 글을 쓰는 시대가 생각보다 성큼 다가온 건 사실입니다.

글쓰기는 오랜 숙련 기간이 필요하지요. AI를 이용하면 분명 글을 쓰기가 쉬워질 겁니다. AI를 활용한 작가도 더 많아지겠지요. 여기에 출판 서비스가 더해진다면 지금까지와 다른 출판 환경이 탄생할 겁니다. 이미 '아마존'은 '킨들 직접 출판(Kindle Direct Publishing, KDP)' 서비스를 제공하고 있습니다. 2011년에 시작했으니 벌써 10년이 넘었죠. 이 서비스를 이용하면 전자책을 쉽게 만들 수 있습니다. 전자책을 제작하고 '아마존'에서 팔 수 있다는 게 이 서비스의 가장 큰 장점입니다. '아마존'의 전자책 시장점유율이 상당히 높습니다. 2024년 현재 약 67퍼센트입니다. '킨들 무제한(Kindle Unlimited)'을 포함하면 83퍼센트까지 올라갑니다. '아마존'을 빼고 전자책 판매를 생각할 수 없지요. 예비 저자가 'KDP' 서비스를 이용해 전자책을 펴내고 '아마존'에 독점 제공하면 킨들 스토어에서 노출 혜택을 받을 수 있습니다. 기존 상업 출판이 외면한 작가라도 이런 서비스를 이용하면 일마든지 책을 내고 판매할 수 있습니다.

전자책만 출간한다는 전제라면 출판 공정이 아주 간단해집니다. 하지만 상업 출판사에서 제공하는 기획, 편집, 디자인, 제작, 홍보 마케팅 등은 전문 영역입니다. 저자 개인이 혼자 하기는 어렵습니다. '아마존'의 'KDP' 서비스에는 편집 과정이 없습니다. 교정, 교열을 보거나 편집자가 하듯 초고에 대해 의견을 나누거나 제목을 결정하는 서비스가 없어요. 방법이 아예 없지는 않습니다. '리드시(Reedsy)' 같은 온라인 플랫폼을 이용하면 됩니다. 여기에서 "작가와 최고 수준의 출판 전문가를 연결"해 줍니다. 작가가 편집자, 디자이너, 마케터와 대필 작가까지 고용할 수 있고 무료 온라인 책 편집기를 제공받으며 마케팅 조언을 구하고 작가 커뮤니티에도 참여할 수 있습니다. 그러니까 '리드시'와 'KDP' 서비스를 이용하면 개인 출판을 무난하게 할 수 있는 시대가 이미 왔습니다. 영어권에서는 책을 '숏폼'으로 홍보하는 일이 대세인데요, 이렇게 자가 출판을 하고 스스로 숏폼 홍보를 해서 성공한 사례들이 있습니다.

말하고 싶은 건 개인이 책을 쉽게 출간할 수 있는 시대가 이미 되었다는 사실입니다. 지금도 독자들은 "책이 너무 많아서 무슨 책을 봐야 할지 모르겠어!"라고 말합니다. 그런데 앞으로 지금보다 책이 훨씬 더 많아지는 세상이 옵니다. 그럼 독자는 그 많은 책들 사이에서 원하는 책을 어떻게 고를 수 있을까요? 저자는 자신이 쓴 책을 독자에게 어떻게 알릴 수 있을까요?

이미 한참 전에 시작된 개인 출판 시대

앞서 말했듯 개인이 책을 쉽게 펴낼 수 있는 시대가 된 지 이미 꽤 됐습니다. 직접 출판사를 운영하는 데는 크게 두 가지 방향이 있습니다. 하나는 무명 작가가 스스로 책을 펴내는 겁니다. 디지털 플랫폼을 이용하면 쉽게 접근할 수 있어요. 다른 하나는 이미 지명도를 쌓은 저자가 직접 출판하는 겁니다. 가장 강력하고 쉬운 길입니다. 작가의 명성에 기대는 것이니, 쓰거나 만드는 사람에게 가장 확실한 방법입니다. 독자로서도 어떤 책을 봐야 할까 고민할 때 작가의 유명세는 쓸모 있는 선택 기준이 됩니다. 국내에도 작가가 직접 출판사를 차린 사례가 여럿 있습니다.

좀 멀게는 『아프니까 청춘이다』를 펴낸 김난도 교수가 '오우아'라는 출판사를 운영했습니다. '문학동네'의 임프린트였는데 지금은 책을 펴내지 않습니다. 그림책 작가 중에 김윤정, 최덕규 부부가 있습니다. 최덕규 작가는 『커다란 손』으로 2022년 볼로냐 국제아동도서전에서 '라가치 상(Bologna Ragazzi Award)'을 받았습니다. 이 부부는 서점에서 책을 팔지 않습니다. 온라인 서점에도 책이 올라와 있지 않습니다. '윤에디션'이라는 브랜드를 만들어서 '네이버' 스마트 스토어에서만 책을 파는데, 생각보다 많이 팝니다. 물론 '윤에디션'을 만들기 전에 펴낸 책들은 해당 출판사에서 서점 판매를 합니다. 또 한 사람, 예능 프로그램에도 나와 전 국민에게 이름이 알려진 소설가 김영하도 '복복서가'라는 출판사를 운영합니다. 작가의 소설을 모두 '복복서가'로 가져다 다시 펴내고 있습니다. '문학동네'가 지분 투자를 해 영업과 마케팅을 맡으며 다른 작가의 책도 펴냅니다.

가장 재미있는 사례는 조앤 롤링입니다. 1997년 첫 출간 이후 2016년까지 세계적 돌풍을 일으킨 '해리포터' 시리즈를 모르면 우리 시대의 독자로는 거의 간첩 수준이죠. 아, 간첩이란 말이 너무 올드하네요. 어쨌든 '해리포터' 시리즈는 출간하는 동안은 물론이고 오늘날까지도 전 세계적인 인기를 끌고 있습니다. 한데 작가가 2012년에 일찌감치 '포터모어 퍼블리싱(Pottermore Publishing)'이라는 출판사를 냈어요. 여기서 '해리포터' 시리즈의 전자책을 판매합니다. 전자책은 공정이 간단합니다. 종이책을 만들고, 홍보하고, 서점에 유통하는 과정을 다 생략할 수 있습니다. 판매 후 정산도 간단합니다. 그러니까 롤링의 경우 전자책은 '포터모어 퍼블리싱'에서 팔고, 공정이 복잡한 종이책은 일반 출판사에서 팝니다. 책을 만드는 데 편집권이 있으니까 전자책이 팔릴 때마다 종이책을 만든 출판사에 일정한 수수료를 지불한다고 알려져 있습니다. 충분히 가능한 작가 출판 방식이죠.

2020년에 한국 작가 최초로 '아스트리드 린드그렌 기념상(Astrid Lindgren Memorial Award)'을 받은 그림책 작가 백희나도 오래전에 '스토리보울'이라는 출판사를 차렸다가 접었는데, 2024년에 다시 시작해 자신의 모든 책을 재출간하고 신간도 펴내고 있습니다. 팬덤이 있는 작가라면 직접 출판사를 운영하는 일이 매력적으로 여겨질 테지요. 이미 출판 공정은 변화의 시대에 접어들었습니다.

이미 한참 전에 시작된 온라인 유통 시대

'아마존'이 등장한 뒤 유통의 집중화가 어마어마해졌습니다. 미국 종이책 출판 시장에서 '아마존'의 점유율은 60퍼센트 정도 됩니다. 전 세계적으로도 50퍼센트 이상입니다. '아마존'을 중심으로 한 출판 유통 재편이 미국만의 일은 아닙니다. 우리나라도 '알라딘', '예스24', '온라인 교보문고' 등 온라인 서점 3사의 비중이 높습니다. 출판사에 따라 차이가 있겠지만, '아마존'보다 점유율이 높습니다.

이런 상황에서 일어난 놀라운 현상이 있습니다. '아마존'이 유통되는 책의 절반 이상을 파는데도 독립 서점이 꾸준히 늘고 있다는 사실입니다. 2009년 미국에 독립 서점이 1651곳 있었습니다. 시간이 흐르면서 조금씩 성장하다가 2023년에는 2599곳으로 늘었습니다. 1000곳 가까이 더 생겼지요. 갈수록 책은 안 팔리고 책 읽는 사람이 줄어든다는데 왜 이렇게 독립 서점이 늘어날까요? 미국만 이런 게 아닙니다. 우리도 마찬가지입니다. 독립 서점을 저는 동네 책방이라고 부릅니다. 2024년 말 현재 우리나라 동네 책방은 926곳입니다. '서점조합연합회'에서 집계한 자료에 의하면 동네 책방을 포함한 전국 서점은 2500곳이 넘습니다. 2015년에 동네 책방이 97곳으로 집계된 걸 생각하면 지난 10여 년간 정말 많이 생겨났습니다. 독립 서점의 증가는 세계적인 현상입니다.

그렇지만 '서점의 시대'라 불러도 좋을 1900년대와 비교하면 아날로그 서점의 존재감은 줄어들었습니다. 서점의 존재감을

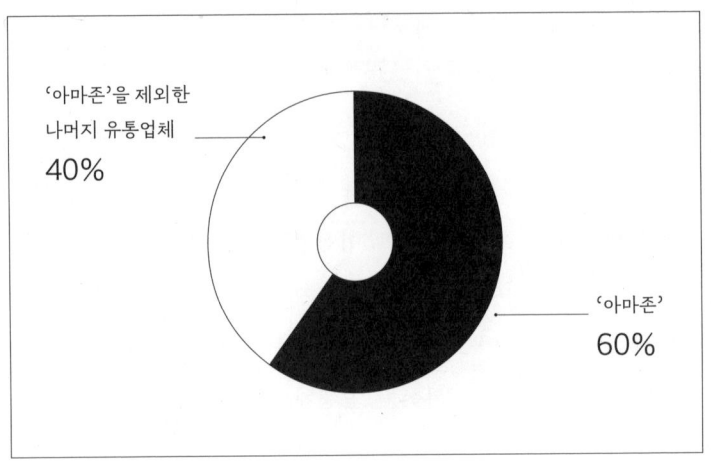

2023년 미국 종이책 출판 시장에서의 '아마존' 점유율.

유지하려면 과거 좋았던 시절과는 다른 모색이 필요합니다. 서점들은 살아남기 위해 여러 방법을 찾아보고 있습니다. 그 실험 중 하나가 유료 서점입니다. 1800년대 출판과 서점 산업을 이야기하며 '뮤즈의 신전'을 소개했습니다. 서점이지만 상업적 대여 도서관을 겸했다고 했지요. 독자가 자꾸 생겨나는데, 이들에게는 값이 꽤 비싼 책을 살 돈이 없습니다. 그래도 책을 읽고 싶어 하니, 이런 독자들에게 돈을 받고 책을 빌려주게 됐습니다. 지금은 다른 이유로 유료 서점이 탄생하고 있습니다.

　서점은 자영업이고, 돈을 벌자고 하는 일입니다. 그런데 아주 독특한 비즈니스 유형입니다. 서점에 가서 반드시 책을 사야 하는 건 아닙니다. 심지어 서점에 가서 책 한 권을 다 읽고 올 수도 있습니다. 서점에 진열된 책을 책장 사이에 서거나 앉아서 다 읽

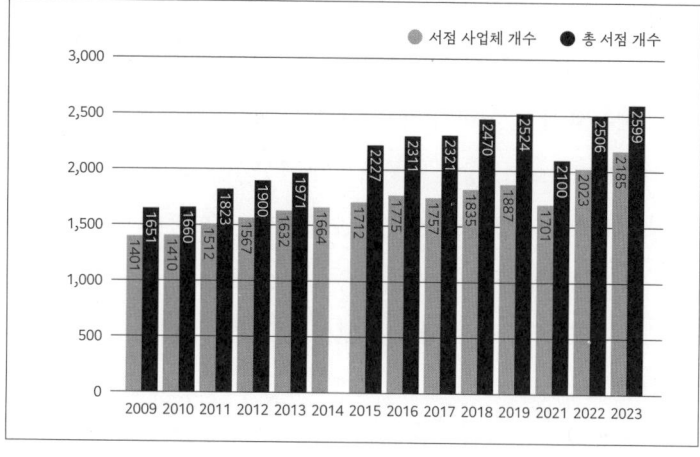

2009~2023년 미국 동네 책방 증감 추세.

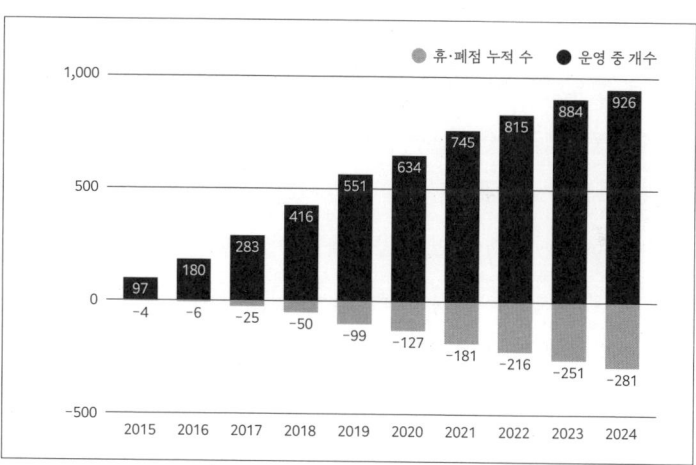

2015~2024년 우리나라 동네 책방 증감 추세.

고 나온 경험이 한 번쯤 있지 않나요? 어릴 때 살던 동네 책방 주인아저씨가 너무 열심히 만화책을 보는 제게 책을 아예 빌려주셨어요. 깨끗하게 보고 다시 가져오라고 하시면서요. 도서 대여점도 아닌데 그러셨어요. 정이 넘치기도 했지만, 서점에는 공공재 기능이 암묵적으로 포함돼 있었어요. 오죽하면 책 도둑은 도둑도 아니라는 말이 있겠습니까.

하지만 책이 점점 덜 팔리면서 공공재 기능을 빼는 곳들이 생겨나기 시작합니다. 아예 입장할 때 돈을 받습니다. 공간 사용료를 받겠다는 겁니다. 이런 시스템을 보여 주는 곳이 청담동에 있는 유료 도서관 '소전서림'입니다. 일본에서는 '분키츠(文喫)'라는 유료 서점이 먼저 생겨났습니다. 이런 방식을 부분적으로 활용한 책방들이 조금씩 생기고 있습니다. 시간 단위로 사용료를 내고 서점을 향유하는 서비스를 제공합니다. 이태원의 '블루도어북스'도, 구로동의 '책방공책'도 이런 서비스를 하지요. 해방촌 '고요서사'도 합니다. 과거 상업적 대여 도서관은 대중 독자가 탄생하는 시기에 독자들이 책이 있는 공간을 찾아서 모이는 곳이었습니다. 지금의 유료 서점은 독자가 줄어드는 시기에 독자들이 책과 연결된 공간을 찾아서 오는 곳입니다. 비슷하지만 다르지요.

일본은 최근 10년 동안 서점 매출이 끊임없이 줄고 있습니다. 당연히 서점 폐업이 줄을 이어요. 지금까지 일본은 '기노쿠니야', '마루젠준쿠도', '쓰타야' 등 대형 체인이 버티는 '서점 강국'으로 알려져 있었으니까 놀라운 일이죠. 이런 흐름 속에서 도쿄의 대표적인 서점 거리 진보초에 '파사주(Passage)'라는 서점이 생겨

도쿄 진보초에 등장한 공유형 서점 '파사주'.

일본에서 큰 화제입니다. 공유형 서점으로, 서점을 하고 싶은 개인이 서가 한 칸을 임대해서 운영할 수 있어요. 다양한 사람들이 월 사용료를 내고 한 칸 서점을 운영합니다. 읽은 책 가운데 팔고 싶은 책을 진열하기도 하고, 작가가 독자와 직접 만나고 싶은 마음에 서가를 꾸며도 됩니다. 성수동에 많이 생겼다 사라지는 팝업 스토어처럼 출판사들이 쓰기도 합니다. 서가 위치에 따라 조금 다른 한 달 사용료는 우리나라 돈으로 5만 원쯤 됩니다. 누구나 독립 출판을 할 수 있듯, 누구나 개인 서점을 할 수 있습니다. '파사주'가 일종의 '테크(Tech)' 서점이기 때문입니다. 차량 공유 서비스인 '쏘카'를 처음 이용해 보고 나서 전통적인 차량 임대업이 왜 테크 사업인지 이해할 수 있었습니다. '파사주'는 서가의 큐알 코드를 통해 서점 주인이 어떤 사람인지, 어떤 이유로 서가를 꾸몄는지 등을 살필 수 있습니다. 또한 웹 프로그램이 구축되어 있기 때문에 각 서가 서점 주인들은 직접 가 보거나 매장을 지키지 않아도 진열한 책이 얼마큼 팔렸는지, 재고는 얼마나 있는지 등과 관련된 데이터를 실시간으로 확인할 수 있습니다.

'서점 매출이 떨어지는데 서점은 지속해야 한다. 그럼 어떻게 해야 할까? 서점 일부를 임대해서 부족한 매출을 채우자!' 이런 고민의 결과이겠지요. 전에 없던 새로운 비즈니스 모델입니다. 우리가 알던 저작권의 완전성, 출판 공정, 서점의 전형성이 이렇게 변하고 있습니다. 지금은 1450년경 구텐베르크가 인쇄기를 발명했을 때만큼 충격적이고 파괴적인 시기가 아닐까 합니다. 기존 체제가 아예 달라지고 있으니까요. 게다가 기술 발전 속도가 500년 전과 비교할 수 없을 만큼 빠릅니다. 몇 세대에 걸쳐 변화가 완성되던 과거와 달리 우리는 가까운 미래에 이 변화의 결과를 목격할 겁니다.

그러나, 그럼에도 단 한 순간도 사라진 적 없는 책

이제 이야기를 마무리해야 할 시간입니다. 바타유의 책을 보여드리면서 이 책 한 권에 수천 년 역사가 스며 있다고 말했습니다. 구텐베르크 이후만 따져도 500여 년의 역사를 품은 책은 '올드' 미디어입니다. 종이책 뒤로 새로운 미디어들이 등장했으니까요. 책은 맏이입니다. 새로운 동생이 등장할 때마다 위협받았습니다.

"이제 책은 끝났어!"

지난 몇 세기 동안 종이책은 이런 말을 끊임없이 들었습니다. 1830년 무렵 대중 독자가 신문을 열정적으로 읽기 시작했습니다. 이때 앞날을 예측한다는 사람들이 너도나도 말했습니다.

"앞으로 모두가 신문만 읽지, 이제 책은 안 읽을 거야."

1950년대에 등장한 컬러텔레비전 방송은 곧바로 최고의 전성기를 누렸습니다. 이때 사람들도 너나없이 말했습니다.

"텔레비전 때문에 이제 책은 안 읽을 거야!"

이를 배경으로 활용한 소설이 나올 정도였습니다. 미국 소설가 레이 브래드버리(Ray D. Bradbury, 1920~2012)가 쓴 『화씨 451』(1953)입니다. 사람들이 책을 안 읽는 대신 거대한 텔레비전 화면에 둘러싸여 살고 있습니다. 1970년대에 개인용 컴퓨터와 비디오테이프가 등장할 때도 많은 이들이 앞다퉈 '책이 죽는다', 심지어 '책은 죽었다'고 했습니다. 1990년대 인터넷이 등장할 때도, 그 뒤로 유튜브가 나왔을 때도, SNS 시대가 되면서도 책은 여지없이 불려 나와 '이제 끝'이라는 말을 들어야 했습니다. '넷플릭스'가 시작한 OTT 서비스 시대가 열렸을 때도 마찬가지였습니다. 오늘도 내일도 어떤 이유로든 책은 또 '죽을 거'라거나 '망할 거'라는 말을 들을 겁니다. 하지만 역사적으로 책이라는 올드 미디어가 정말로 죽은 적은 없습니다. 그럼에도 종이책은 살아남았습니다. 우리 곁에 지금도 존재합니다.

출판사나 서점이 위기인 것은 맞습니다. 하지만 아예 사라질 거라고 점치는 전문가는 없습니다. 물론 변혁기의 파도에 올라타지 못하고 과거의 방식을 답습하는 출판사와 서점의 앞길은 밝지 않지요. 앞에서 살핀 것처럼 작가들의 출판사 의존도도 변할 겁니다. 김영하나 백희나 정도의 영향력과 팬덤을 지닌 작가들과

일한다면 기존 관행을 점검할 필요가 있습니다. 작가 개인이 직접 운영하는 출판사가 아니라도 작가와 독자와 만나는 일이 중요해졌습니다. 특히 일정한 팬을 거느리고 있는 작가는 '국보급'입니다. 출판평론가 장은수는 『출판의 미래』(2016)에서 "출판사가 작가 팬덤을 만들고 관리하는 일을 대신해야 한다"고까지 말했습니다. 일리가 있는 말입니다. 하지만 상대적으로 영세한 우리 출판계에서 가능할지는 잘 모르겠습니다.

과거와 달라진 출판계의 풍속도에서 출판사가 저자의 팬덤이 아닌 자체 팬덤을 만들기 위해 노력하는 것이 보입니다. 출판사가 팬덤을 구축하려고 공들이는 대표적인 방법이 북 클럽, SNS, 유튜브 채널 등을 운영하는 것입니다. 출판사에서 운영하는 매체에는 자연스럽게 그 출판사에서 일하는 편집자와 마케터가 등장합니다. 그리고 자주 등장하는 이들이 독자들과 교감을 쌓아 가면서 인플루언서가 되곤 합니다. 저자 뒤에 있던 편집자들이 전면에 나서기도 합니다. 과거에는 스타 편집자가 출판계 내부에서만 공유되었다면 이제는 대중의 인기를 얻습니다. 저자가 독자를 만나기 쉬운 환경이라면 곧 출판사 구성원도 직접 독자에게 발신할 수 있는 환경이라는 뜻이니 불가능할 게 없습니다. 독자들도 결과물로서 책뿐만 아니라 보이지 않는 곳에서 내가 읽고 있는 책을 만들고 파는 이들을 궁금해합니다. 이런 식으로 직원이 직접 홍보 활동을 하는 것을 두고 '임플로이언서(Employencer) 마케팅'이라고 한다죠. '임플로이언서'는 'employee(직원)'와 'influencer(인플루언서)'를 합쳐서 만든 말로, 회사를 위해 영향력을 활용하는 직원을 뜻하는 신조어라고 하네요. '임플로이언서'로 출판사 '푸른숲' 마케터 문창운, '민음사' 마케터 조아란 등을 꼽을 수 있습니다. 그러고 보니 '출판하는 언니들'도 '임플로이언서'의 한 축이군요!

전문 편집자가 하는 일은 어떨까요? 출판 공정이 디지털화 돼도 여전히 아날로그의 협업 전통이 필요합니다. 수신지 작가는 2017년에 『며느라기』를 SNS에서 연재해 큰 화제를 불러일으켰습니다. 연재 뒤에는 직접 차린 출판사 '귤프레스'에서 독립 출간했습니다. 내가 하고 싶은 이야기를, 만화를, 그림책을 누구의 허락 없이 자유롭게 출간하고 수익을 내고 싶다는 바람은 작가가 운영하는 독립 출판의 중요한 원동력입니다. 따라서 독립 출판은 앞으로도 존속하리라고 봅니다. 하지만 특히 종이책을 만들고 제작하는 한 소통과 협업은 필수입니다. 수신지 작가는 "막상 책을 만들다 보면 결국 상업 출판사에서 하듯 비용이 드는 여러 측면을 고려하지 않을 수 없으므로 정작 자유롭게 책을 내기 쉽지 않다"고 했습니다. 자신이 직접 출판사를 낼 만큼 폭넓은 인지도가 없는 한, 작가에게 출판사 그리고 편집자와 협력하는 일은 여전히 대체할 수 없는 효율성이 있습니다.

'아마존'을 비롯한 온라인 서점이 생겨나 오프라인 서점을 위협하고 위험에 빠트린 것은 사실입니다. 하지만 바로 이 때문에 독자가 아날로그 서점의 가치를 새롭게 발견한 것 같습니다. 디지털화가 가속될수록, 체제의 지배를 받을수록 독자는 온전한 충만감을 느끼고 싶어 합니다. 한순간이라도 몰입할 수 있는 시간과 공간과 경험이 필요합니다. 그런 공간이 바로 동네 책방입니다. 동네 책방은 과거의 서점이 아니라 책을 매개로 한 새로운 아날로그 공간입니다. 따라서 실험과 모색은 여전히 진행 중입니다. 어쩌면 동네 책방을 한다는 것만으로도 탈자본주의적 행동이 아닐까 합니다. 웬만해서는 서점을 운영해 돈을 벌기 어려우니까요. 그런데도 책방을 한다는 것은 체제에 대한 저항일지 모릅니다. 체제의 부품으로서 시키는 일을 무력하게 할 게 아니라 '온전하게 스스로 결정하고 책임지는 세계에 소속되겠다'는 마음이 동네 책방을 하는 이들에게, 찾는 이들에게 있지 않을까 합니다.

디지털이, AI가 모든 것을 뒤바꿀 것 같아도 자세히 들여다보면 책을 둘러싼 아날로그 세계를 지키고 싶어 하는 마음이 곳곳에 살아 있습니다. 그것만이 할 수 있는 영역과 기능이 있습니다. 그것이 있는 한 출판 산업의 세계에 내일은 있다고 믿습니다. 그러니 책도, 출판도, 책방도 먼 미래야 모르겠지만 적어도 내일까지는 우리 곁에 있을 겁니다. 내일의 세계는 책을 쓰는 사람, 만드는 사람 그리고 읽는 사람인 우리가 만들어 갈 수 있다고 믿습니다.

Q & A

(Q) 얼마 전 조카가 "책을 (오프라인에서는) 어디서 사?" 하고 물어서 잠시 멍하니 있었습니다. '서점'이 아니라 '쿠팡'에서 책도 사는 시절인데요, 동네 책방이 지난 10년 간 900곳 넘게 생겼다는 이야기와 대비돼 흥미로운 것 같습니다. 서점이 왜 이렇게 늘어날까요? 우리가 오프라인 서점에서 어떤 가능성을 보는 걸까요?

A 반드시 사야 하는 책이 있습니다. 과거에는 이런 책을 오프라인 서점에서 샀습니다. 지금은 온라인 서점에서 삽니다. 어떤 책을 사야 할지 분명히 안다면, 다시 말해 제목을 아는 책은 온라인에서 사면 됩니다. 하지만 이건 온라인에서 달걀이나 칫솔을 사는 것과 크게 다르지 않습니다. 인간에게는 물론 생필품이 필요하지만 이것만으로는 살 수 없습니다. 알지 못하는 세계에 대한 호기심, 아름다움의 추구, 지적 자극이 필요합니다. 또 아날로그 공간을 찾아 색다른 경험을 하고 싶어 합니다. 물리적인 몸이 느끼는 자극이 필요합니다. 이를 채워 주는 곳이 바로 아날로그 서점입니다.

한편 점점 더 책을 혼자 읽기가 힘들어집니다. 근대에 들어서며 묵독이라는 개인의 독서를 발명했지만, 이제 우리는 해야 할 일이 너무 많습니다. 인기 있다는 OTT 드라마를 즐겨야 하고, SNS를 검색하고, 유튜브도 봐야 합니다. 이런 일을 하사면 낭연히 읽기는 뒷전으로 밀립니다. 혼자 읽기 힘든 시대라서 읽을 수 있는 공간과 함께 읽기가 필요합니다. 동네 책방의 수많은 북 클럽이 단적인 증거죠.

Q 'AI 학습에 제공하지 않는다'는 계약 조항은 사실 지킬 수 없지 않을까 싶습니다. 모든 새로운 기술이 그렇듯 어떻게 쓰느냐의 문제일 텐데요, "작가를 더 훌륭하게 만들 수도, 더 형편없게 만들 수도" 있다는 말에서 선생님은 어느 쪽에 더 가깝게 생각하시나요?

A 형편없는 작가는 더 형편없게 만들고, 훌륭한 작가는 더 훌륭한 작가가 되게 할 수 있다고 생각합니다. 글을 쓰는 데 가장 중요한 것은 경험과 배경 지식입니다. 이 가운데 배경 지식이란 지금까지 작가가 읽은 것의 총합일 텐데요, 책을 한 권 쓰려면 얼마나 아는 것이 부족한지를 절감하고 다시 공부합니다. 논픽션을 쓰든 픽션을 쓰든 마찬가지입니다.

전에 읽은 인터뷰 기사 중에 소설가 김연수가 글을 쓰다가 꽃이나 새 이름이 생각나지 않으면 도서관으로 뛰어가 책을 찾는다는 구절을 본 기억이 있습니다. 배경이 되는 계절과 지역 또는 주인공의 상황에 따라 적절한 꽃과 새가 등장해야 하니 그때마다 참고 서적이 필요하다는 뜻이라고 생각합니다.

AI를 이용할 수 있는 시대에는 이렇게 막히는 순간마다 도서관으로 뛰어가지 않아도 되겠지요. 다만 적어도 이 장면에서 꽃을 피운다는 일이 왜 필요한지 어떤 꽃이 필요한지는 알아야 AI를 이용할 수 있을 겁니다. 글을 쓰는 목적이 구체적일수록 AI에게 실제적인 도움을 얻을 수 있습니다. 그렇지 않으면 정말 뜬구름 잡는 대답을 들을 수밖에 없으니까요.

4장 나와 당신을 연결하는
미래의 뉴스

장일호

"

16년째 매주 72쪽짜리 시사 주간지를 동료들과 만듭니다. 누군가 이렇게 말하는 소리가 들리는 것 같습니다. "세상에, 아직도 '종이'로 뉴스를 읽는 사람이 있단 말이야?" 놀랍죠? 왜 아니겠어요. 저도 한 번씩 놀랍니다. 왜 아직도 누군가는 종이 위에서 저널리즘을 읽어 내려고 애쓰고, 누군가는 그것을 구현하려고 애쓰고 분투하는지. 이 미스터리는 제가 가장 사랑하는 종류의 이야기입니다.

정보를 '읽고 쓰지' 않고 '보고 찍는' 시대입니다. 그러나 종이로 뉴스를 만나는 것은 '정보' 이상의 경험입니다. 믿어도 좋다고 자신 있게 말할 수 있습니다. 온라인에서 보는 뉴스는 다 똑같은 포맷이지만 사실 뉴스에서 읽어야 할 것은 '편집'이기 때문입니다. 어떤 사진을 썼는지, 그 사진을 얼마나 크게 또는 작게 썼는지, 기사가 배치된 자리가 어디인지······. 이 안에 뉴스를 만드는 사람들이 생각하는 중요도가 있습니다. 같은 내용의 기사라도 종이로, 웹으로, 영상으로 보는 일이 각각 다른 경험이 되는 이유입니다.

쓰고 보도하는 걸 넘어 동료 시민을 연결하고 싶습니다. 여기에 우리의 미래가 있다고 믿고 싶습니다. 이것은 믿음이라기보다는 희망의 영역입니다. 우리가 가진 영향력을 어떻게 쓸 것인가, 무엇을 위해 쓸 것인가, 누구를 위해 쓸 것인가? '쓰다'는 글을 쓰는 일일 수도 있지만 힘을 쓰는 방향에 대한 이야기가 될 수도 있지 않을까요? 미래의 뉴스는, 전달이 아니라 연결을 목적으로 할 겁니다. 여기, 당신의 자리를 마련해 두겠습니다.

"

장일호, 대한민국 진보 언론의 리트머스 『시사IN』 기자

『시사IN』 소속이며 굵직한 탐사 보도로 깊이 있는 기사를 써 왔다. '국제앰네스티 언론상', '이달의 기자상', '이달의 좋은 보도상'을 받았다. '아무도 춤추자고 하지 않는 사람들'의 편이 되고, 곁이 되어야 한다고 다짐한다. 에세이 『슬픔의 방문』을 썼다.

대한민국에 언론사가 몇 군데나 있을까

'저널리즘'과 '미래'라는 키워드 앞에서 무슨 말을 할 수 있을지 고민을 거듭했습니다. 아무래도 저널리즘은, 특히 제가 몸담고 있는 종이 잡지라는 레거시 미디어는, 사양산업으로 분류되곤 하니까요. 하지만 미래는 기다린다고 거저 오는 것이 아니라 적극적으로 만들어 가야 하는 것이라고 생각합니다. 그래서 우리가 미래라는 단어에 희망과 기대를 건다고요. 어떻게 보면 특히 저널리즘에서 이것은 의무에 가까운 일일 수도 있겠다는 마음이 듭니다.

우리가 어떤 정보에 둘러싸여 있는지, 우리를 둘러싼 미디어 환경부터 짚어 보면 좋겠습니다. 이를 잘 보여 주는 신조어 두 가지를 소개하고 싶은데요, 먼저 2024년 말에 옥스퍼드대 출판부가 올해의 단어로 선정한 '브레인 로트(brain rot)'입니다. '뇌 썩음'이라니 무시무시하지 않습니까? 틱톡·인스타그램 릴스·유튜브 쇼츠처럼 60초 안팎의 짧은 영상을 숏폼이라고 하는데, 이걸 지나치게 소비하다 보면 정신적·지적 능력이 약해진다는 우려를 담은 단어입니다. 2024년 영어권 온라인 사용자들 사이에서 이 단어의 사용 빈도가 2023년에 비해 230퍼센트 늘었다고 해요. 저는 사람들이 숏폼을 열심히 소비하는 만큼 고민도 한다는 뜻으로 해석합니다.

이와 비슷한 신조어로 '팝콘 브레인(popcorn brain)'이 있습니다. 미국 워싱턴대 정보대학원의 데이비드 레비(David Levy) 교수가 만든 말입니다. 시각적으로나 감정적으로 즉각적이고 자극적인 영상에 노출되면 뇌의 전두엽이 반응하는데, 이런 노출이 반복될수록 내성이 생겨서 일상생활에 흥미를 잃게 된다는 거예요. 더 크고 강렬한 자극을 원하게 되고요. 짧게 더 짧게, 빨리 더 빨리. 60초로 편집된 정보의 세계는 '생각'을 요구하지 않는다는 점에서 위험하다는 것을 강조하는 말이라고 할 수 있습니다. 알고리듬에 기대어 스크롤을 당기며 뭉개지는 시간 속에서 우리가 공유하는 것은 삶의 의미보다 감정의 강도일 가능성이 높지 않을까요? 맥락은 사라지고 이른바 '사이다'만 남는 거죠.

여느 콘텐츠가 그렇듯 숏폼에도 순기능이 있을 겁니다. 우리 인생이 의미만 가득하다면, 그건 또 얼마나 지루할까요? 한편으로는 이런 시절이기 때문에 '잘 읽는다는 것' 그리고 '뉴스를 읽느냐'는 것에 대해 생산자로서 책임과 고민이 깊어집니다.

뉴스를 보거나 읽으면서 행복한 분 있나요? 뉴스를 읽고 보는 일은 사실 세계의 비참, 세상의 비극과 마주하는 일이죠. 뉴스에는 우리를 행복하게 하지 않는 이야기들이 빼곡합니다. '나'와 상관없는 이야기만 가득 차 있다고 느끼기도 하죠. 소비자로서 저도 가끔 이런 거리감을 느끼며 외로워집니다.

제가 『시사IN』에 입사한 때가 2009년 10월입니다. 여담입니다만 제가 『시사IN』에 취업한다고 다니던 대학 교수님께 인사하러 갔더니, 당시 신생 매체였기 때문에 걱정을 많이 하셨습니다. "월급 안 나오면 어떡하냐?" "4대 보험은 되냐?" 그때나 지금이나 종이 매체란 언제 망해도 이상하지 않은 존재입니다. 죽지도 않고 각설이처럼 돌아오는 말이 '저널리즘의 위기'이기도 하고요. 출판계처럼 언론계도 맨날 단군 이래 최대 위기라고 해요. 단군 할아버지가 여기저기 불려 다니느라 저승에서도 과로하는 건 아닌지 걱정될 정도입니다.

이 위기의 이면은 어떨까요? 먼저 대한민국에 언론사가 몇 군데나 있는지 살펴보겠습니다. 얼마나 있을 것 같나요? 1만 곳? 더 올려야 돼요. 5만 곳? 그보다는 적어요.(웃음) 2만 7000곳? 네, 약 2만 3000곳입니다. 이 수치는 문화체육관광부 정기간행물 등록 관리 시스템에 접속하시면 누구나 확인할 수 있습니다.

대한민국 헌법은 언론 출판의 자유를 규정하고 있습니다. 헌법 제21조 제1항에 따르면 "모든 국민은 언론 출판의 자유와 집회 결사의 자유"를 가지기 때문에, 신문 및 정기간행물도 허가제가 아니라 등록제로 관리하고 있습니다. 언론 출판의 자유는 "국민주권

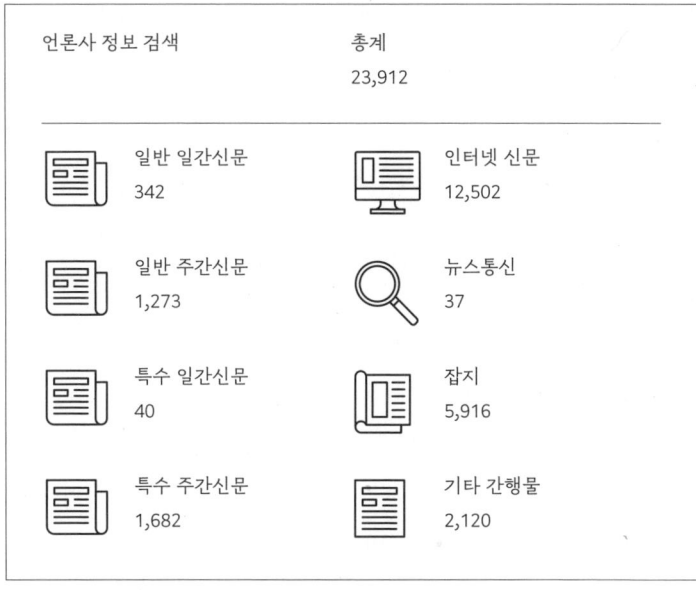

언론사 설립은 허가제가 아닌 등록제다. 허가제로 가는 순간, 권력자의 무기가 될 가능성이 높다. (출처: 문체부 정기간행물 등록 시스템, 2025. 2. 22.)

을 실현하는 데 필수불가결한 것으로 오늘날 민주국가에서 국민이 갖는 가장 중요한 기본권의 하나"(헌법재판소 1992년 2월 25일 선고, 89헌가104)이며, "(언론 출판의 영역에서) 그 표현의 해악을 시정하는 1차적 기능은 시민사회 내부에 존재하는 사상의 경쟁 메커니즘에 맡겨져"(헌법재판소 1998년 4월 30일 선고, 95헌가6) 있습니다.

　　언론사를 만들기가 대단히 쉽다 보니 등록제 대신 허가제로 바꿔야 한다는 이야기가 한쪽에서는 계속 나옵니다. 아마 많은 분이 심정적으로 동의하리라고 생각합니다. 한국의 낮은 언론 신뢰도 문제는 언론이 자초한 탓이 크다는 것도 인정합니다. 그런데 언론이 허가제로 가는 순간, 권력자의 무기가 될 가능성이 너무 높다는 것을 잊어서는 안 됩니다.

예를 들어 보죠. 박정희 정권 시절 유신헌법은 제18조에서 "모든 국민은 법률에 의하지 아니하고는 언론, 출판, 집회, 결사의 자유를 제한받지 아니한다"고 규정하고 있습니다. 겉으로는 모든 자유를 보장하는 것처럼 보이지만, '법률로는 제한할 수 있다'는 것이 이 조항에 숨어 있는 핵심입니다. 현행 헌법 제21조와 비교해 보면 더욱 명백해집니다.

뒤에서 더 이야기하겠지만, 언론을 등록제로 열어 둔다는 것은 우리가 '소비자'가 아니라 '시민'으로서 언론에 할 일이 있다는 뜻이기도 합니다. 싸잡아 비판하지 않고, 공들여 구분해서 봐야 할 책임이 시민에게 있습니다. 원래 민주주의가 되게 피곤하고 힘듭니다. 그러나 이 피로를 감수할 가치가 있다는 것을 대한민국 사람이라면 누구보다 잘 알지 않습니까?

망했는데, 왜 그렇게 됐는지 알아야 했다

'워싱턴의 신동'으로 불리는 미국의 정치 저널리스트 에즈라 클라인(Ezra Klein)은 이제 우리에게 익숙한 카드 뉴스의 초기 모델을 전파한 복스(VOX)의 공동 창립자입니다. 넷플릭스와 손잡고 다큐멘터리 시리즈 〈익스플레인(Explained)〉을 론칭하기도 했습니다. 그가 쓴 『우리는 왜 서로를 미워하는가(Why We're Polarized)』는

'트럼프 1기'를 복기한다는 의도가 있습니다. "우리가 망했는데, 왜 이렇게 됐는지 알아야 했다"는 거죠. 트럼프 집권의 순기능을 애써서 굳이 찾자면 이렇게 상황을 해석하려고 '좋은 책'이 쏟아져 나왔다는 것일 텐데요, 그럼에도 오늘날 미국이 트럼프 2기를 맞았다는 점에서 책의 무용함도 생각하게 됩니다. 하지만 우리가 변화를 믿지 않는다면 왜 읽고 쓰겠습니까? 뉴스도 마찬가지입니다. 우리에게 매일같이 무슨 일이 벌어지는지 정확히 알기로 결심한 사람들, 이런 사람들을 민주주의자라고 할 수 있을 겁니다. 민주주의자는 절망할지언정 쉽게 비관하지 않습니다.

　클라인은 지금의 미디어 환경을 "완전히 새로운 것"으로 정의합니다. "그 안에 존재하는 우리에게 경쟁적인 미디어 시장이 진부하고 지긋지긋하게 느껴지지만, 미디어 환경이 지금처럼 존재한 적은 없다"는 거죠. '정보'는 과거와 달리 매우 값싼 존재가 됐습니다. 인터넷과 AI의 발전도 무서운 속도로 이루어지고 있습니다. 정보를 자유롭게, 쉽게 이용할 수 있다는 것은 어떤 의미일까요? 클라인은『우리는 왜 서로를 미워하는가』에서 '더 많은 정보 가설'을 소개합니다. 더 많은 정보가 민주주의에 도움이 된다는 낙관론 중 하나입니다. 시민들이 어떤 문제에 대해 더 많이 알게 되면 덜 싸우지 않을까? 이를테면 기후 위기·전쟁·젠더 문제 등을 둘러싼 갈등은 우리가 서로 너무 몰라서, 그러니까 정보가 적어서 생긴다고 보는 겁니다.

　동의하시나요? 너 많이 알면, 안 싸울 수 있을까요? 클라인은 우리의 예상과 다른 답을 내놓습니다. 늘어난 매체, 방대한 정보가 우리에게 '선택의 피로'를 주었다는 겁니다. 우리는 방대한 정보에 접근할 수 있게 되면서 상상할 수 없을 만큼 많은 선택 사항 앞에 놓였습니다. 이는 필연적으로 정보 격차를 불러옵니다. 고관여층과 무관심한 사람들이 과거에는 상상할 수도 없었을 방향으로 멀어집니다. 미디어는 이 차이를 새로운 '시장'으로 개발했습니다. 클라인은 양극화된 미디어가 서로 공통점보다 차이를 강조하고, 상대편의 좋은 점보다는 최악인 면을 부각한다고 지적합니다.

『헤이트: 우리는 증오를 팝니다(Hate Inc.)』의 진단도 다르지 않습니다. 이 책을 쓴 저널리스트 맷 타이비(Matt Taibbi)는 2016년 트럼프 당선을 기점으로 미국 언론 지형이 '친트럼프'와 '반트럼프'로 극명하게 갈렸으며, 이런 정파성이 줄어든 광고를 대신한 언론의 새로운 상술이 되었다고 진단합니다.

그럼 믿을 언론이 하나도 없을까요? '좋은' 기사가 있긴 할까요? 나에게 필요한 정보를 구별하는 힘, 그러니까 미디어 문해력을 어떻게 길러야 할까요? 답답한 이야기입니다만, 여느 문제의 해법과 마찬가지로 지름길은 없습니다. 미디어 문해력은 '훈련'의 영역에 가깝습니다. 이 훈련은 어떻게 할 수 있을까요? 그 이야기에 앞서 제가 가장 잘 아는 『시사IN』 이야기를 들려드리겠습니다.

넷플릭스를 보던 어느 날, 잡지에 관한 흥미로운 정의를 들었습니다. 인도계 미국인 코미디언 하산 미나즈(Hasan Minhaj)가 정치와 문화 관련 스탠드업 코미디 쇼 〈이런 앵글(Patriot Act)〉의 첫 시즌 첫 번째 에피소드에서 잡지를 이렇게 표현합니다.

"다들 잡지가 뭔지 기억하시죠? 손에 들고 넘길 수 있는 인스타그램 같은 거예요."

어떻게 하면 저와 동료들이 만들고 있는 매체를 좀 더 매력적으로 설명할 수 있을지 고민하던 저에게 아주 재밌고도 반가운 비유였습니다. 물론 『시사IN』이 인스타그램일 수는 없겠지요. 다만 국내 언론의 유가 부수를 검증하는 유일한 데이터인 한국ABC협회 자료에 따르면 『시사IN』은 2013년부터 줄곧 시사 주간지 분야 1위를 하는 매체입니다. 월 1만 9000원씩 1년이면 22만 5000원을 내고 구독하는 독자가 3만 명 정도 됩니다.

세상에, 아직도 '종이'로 뉴스를 읽는 사람이 그렇게 많단 말이야? 놀랍죠? 저도 가끔 한 번씩 놀랍니다. 뭐야, 뭐 하는 사람들이야, 무서워……. 물론 저도 아직 신문을 구독하는 '무서운' 사람입니다. 한번은 저희 집에 신문 배달하는 분이 신문 구독을 끊을 수는 없냐고 묻더라고요. 제가 사는 아파트에서 유일하게 저희 집에 신문을 배달하느라 멀리 있는 지국에서 아침마다 와야 한다는 거예요. 구독이 돈이 되지 않고 민폐가 되는 시절이라는 걸 절감하는 순간이었습니다.

『시사IN』에는 구독자보다 더 저를 긴장시키는 사람도 있습니다. 종이책이나 전자책을 받아보지 않고 매체 성장을 응원하는 후원 독자입니다. 연말정산조차 되지 않는 후원으로, 2024년에는 500여 명이 1억 2000만 원 정도를 모아 주셨습니다. 후원 목적으로는 탐사 보도와 기획 취재를 잘 해 달라는 것이 가장 많습니다만, 무엇보다 저를 뭉클하게 하는 것은 매체 나눔입니다. 특히나 경제가 어려울수록 언론 구독은 먹고사는 데 꼭 필요하지는 않은 '사치재'로 여길 수밖에 없잖아요. 그런 동료 시민의 구독료를 대신 내주는 독자들이 존재합니다. 이들 덕분에 2025년에는 특성화고 41곳에 『시사IN』을 보낼 수 있게 됐습니다.

이런 정기 구독자와 후원 독자의 존재가 『시사IN』이 '탈선' 하지 않게 합니다. 기사와 광고를 바꾸지 않도록 해 줍니다. 기자가 부족해서 못 쓰는 기사가 있을 뿐입니다. 속도 경쟁에 매몰돼 검증 없이 보도하지 않도록 해 줍니다. 정보를 선별하고 재배치해 깊이와 관점을 만들 시간을 확보해 줍니다.

『시사IN』의 '건강한' 수익 구조는 한국 언론을 넘어 해외로 시야를 넓혀 봐도 아주 드문 경우입니다. 유료 구독과 광고의 비율이 8 대 2, 광고가 많아도 7 대 3을 넘지 않습니다. 우스갯소리지만 '『시사IN』이 망하면 한국 저널리즘의 손해'라는 말도 합니다. 정말이지 『시사IN』의 존재를 그 자체로 자랑스러워하셔도 됩니다. 여러분의 『시사IN』 구독 여부는 상관없어요.

기자 집단은 기레기라는 말에 웬만해선 타격을 받지 않는 지경에 이르렀습니다. 그러나 망할 때 망하더라도 여전히 저널리즘의 가치를 믿고 묵묵히 시도하는 기자들이 여전히 존재합니다. 시장의 무반응, 회사의 무관심 속에서 좋은 기사에 대한 열망이 가득한 기자에게는 사방이 벽입니다.

유료 구독 체제가 다 무너져 있다 보니 '다른 저널리즘'을 시도하는 일부 기자는 외부 모금으로 눈을 돌리곤 합니다. 한국언론

진흥재단 기획 취재에 지원하거나, 텀블벅 같은 민간 모금 사이트를 통해 취재비를 확보하는 식입니다. 그러나 기자 입장에서 취재비보다 더 중요한 것은 '저널리즘을 원하는 독자의 규모'를 확인할 수 있는 기회입니다. 출입처에서 나오는 자료로 지면을 채우는 방식으로는 존재조차 알 수 없던 독자들을, 오늘날 기자들은 이렇게 '겨우' 만납니다.

좋은 기사를 쓰면 반응하는 독자(시장)가 있다는 것이 좀체 보이지 않는 상황에서, 모금 성공은 회사를 설득할 좋은 기회가 되기도 합니다. 당연한 말이지만 뉴스를 만드는 데는 돈과 노동, 시간이 필요합니다. '좋은 뉴스'는 말할 것도 없겠지요.

여러분은 뉴스를 주로 인터넷 포털이나 SNS를 통해 보고, 읽을 것으로 예상합니다. 어쨌든 뉴스를 보고 읽는다면요. 여러분에게 뉴스는 무료인가요, 유료인가요? 온라인 기사를 포털에서 보는 일로 내 주머니에서 직접적으로 돈이 나가지 않는다고 해서 무료는 아닙니다. 여러분이 돈을 내지 않기 때문에 광고주가 언론 노동에 값을 쳐줍니다. 건설사, 대기업, 자동차 회사 들입니다. 기사가 '나'와 상관없는 이야기로 가득하다면, 그럴 수밖에 없는 구조가 바로 여기 있습니다. 사실상 온라인으로 재편된 언론 생태계의 비즈니스 모델은 클릭 유도입니다. 클릭에도 광고가 따르고, 광고는 곧 돈과 직결됩니다. 이 '덫'에서 자유로운 언론사는 거의 없습니다. 그래서 다시 묻지 않을 수 없습니다. 여러분은 언론 노동에 제대로 값을 치주고 계십니까?

뉴스를 '잘' 읽는 방법

하루에도 수십, 수백 건씩 쏟아지는 뉴스를 '잘' 읽는 방법이 뭘까요? 2019년에 미국 온라인 매체 『버즈피드(BuzzFeed)』가 2만 부 한정으로 12쪽짜리 종이 신문을 한 차례 발행하며 말했습니다. "우리가 인터넷을 인쇄했습니다.(We printed out the internet.)" 저는 이걸 단순히 재미있는 프로젝트로 보지 않았습니다. 종이로 뉴스를 만나는 것은 '정보' 이상의 경험이기 때문입니다. 믿어도 좋습니다. 자신 있게 말할 수 있습니다. 온라인에서 보는 뉴스는 다 똑같은 포맷입니다. 그저 스크롤만 내리면 됩니다.

그런데 우리가 뉴스에서 읽어야 할 것은 기사보다 '편집'입니다. 지면 기사는 그 경중에 따라 레이아웃이 달라집니다. 어떤 사진을 썼는지, 그 사진을 얼마나 크게 또는 작게 썼는지, 기사가 어디에 배치됐는지……. 이런 것에 뉴스를 만드는 사람이 생각하는 중요도가 담겨 있습니다. 드러난 것보다 드러나지 않은 것에 더 많은 정보가 담겨 있는 셈입니다. 뉴스를 '잘' 읽는다는 것은 드러나지 않은 정보까지 이해한다는 뜻입니다. 그래서 같은 기사라도 종이로, 웹으로, 영상으로 보는 것이 각각 다른 경험이 됩니다.

신문 지면을 (편집이 드러나는) 종이로 볼 수 없을 때 제가 차선으로 택하는 방법 중 하나가 네이버 뉴스 탭입니다. 뉴스 탭 상단에 '신문 보기' 메뉴가 있습니다. 이것으로 주요 언론사가 1면에 배치한 기사, 2면에 배치한 기사가 뭔지 확인할 수 있습니다. 각 언론사가 어떤 뉴스를 더 중요하게 생각하는지 비교해 가며 볼 수 있습니다. 이를테면 『경향신문』과 『조선일보』, 『한겨레』와 『동아일보』를 비교해 보는 거죠.

'읽는 사람'은 '보는 사람'과 다를 수밖에 없습니다. 읽기는 보기에 비해 능동적입니다. 적극적인 행동입니다. 우리는 읽을 때 매체가 보여 주는 대로 읽지 않습니다. 매체의 속도가 아니라 내 속도가 중요합니다. 종이가 첨단 기술은 아니지만 이런 점에서 아주 효율적인 매체입니다. 무엇보다 물리적으로 존재합니다.

데이터는 우리 짐작과 달리 영속적이지 않습니다. 저는 싸이월드 미니홈피와 이글루스 블로그를 비롯해 온라인상에 남긴 기록을 말 그대로 날려 먹었습니다. 한편으로는 다행한 일이기도 합니다만, 서비스 업체의 결정에 따라 내가 쌓아 온 글과 사진이 쉽게 사라질 수 있다는 사실은 두려운 일입니다.

공상과학소설 『삼체(三體)』를 읽어 보셨나요? 인류가 멸종해도 후대가 인류를 기억해 주기를 바라면서 기록을 남기려고 검토하는데, 그 어떤 최신 기술도 1만 년을 버티지 못한다는 이야기가 나옵니다. 그래서 선택한 게 끝내 '돌'입니다. 오늘날 우리에게 종이가 이 돌과 같다고 저는 생각합니다. 무엇보다 종이에 실려 발행되는 것은 우리에게 엄격함과 정확함, 일관성을 요구합니다. 한번 인쇄된 종이 위의 실수를 바로잡는 일이 간단치 않습니다. 고치기 어렵고 비용도 많이 듭니다.

온라인은 어떤가요? '수정' 버튼으로 '완료'해 버릴 수 있습니다. 그래서 어슐러 르 귄(Ursula K. Le Guin)도 에세이 『찾을 수 있다면 어떻게든 읽을 겁니다(Words Are My Matter: Writings on Life and Books)』에서 종이의 힘을 이렇게 강조합니다.

"문명의 많은 부분이 장정된 책의 내구성에 의존한다."

단어 조회수와 검색량 증가를 바탕으로 매년 올해의 단어를 선정하는 곳이 있습니다. 미국에서 가장 오래된 사전 출판사 메리엄웹스터입니다. 2023년에 메리엄웹스터가 올해의 단어로 '진짜의(authentic)'를 선정합니다. AI 발전과 더불어 '진실성의 위기'를 보여 주는 단어라는 설명과 함께요. 뉴스도 이런 위기에서 자유로울 수 없습니다. 특히 디지털 네이티브 세대에게 더욱 그렇습니다.

2023년 4월, 영국 케임브리지대학 심리학과 연구 팀이 가짜 뉴스 판별력에 관한 흥미로운 연구를 진행합니다. 뉴스 헤드라인(제목) 스무 개를 제시하고, 그 진위 여부를 판단하라고 합니다. 65세 이상 참가자 중에서는 35퍼센트가 가짜 뉴스를 판별할 수 있었지만, 18~29세 연령층에서는 11퍼센트만 가짜 뉴스를 판별해 냈습니다. 연구 팀은 이렇게 차이가 나는 이유로 뉴스를 접하는 경로를 지목합니다. 온라인에서 하루 아홉 시간 이상 머무는 집단과 두 시간 이하로 머무는 집단을 비교하면 차이가 더욱 두드러집니다. 정보의 진위를 판단하는 능력에서 역시 큰 차이를 보였습니다.

상황이 이렇다 보니 미디어 문해력이 가짜 뉴스 해결책으로 자주 소환됩니다. 뉴스의 미래를 논할 때 사실만큼이나 많이 언급되는 것이 미디어 문해력입니다. 먼저 세계적으로 널리 통용되는 문해력의 정의를 살펴보죠. 유네스코는 문해력을 "다양한 맥락과 연관된 인쇄 및 필기 자료를 활용하여 정보를 찾아내고, 이해하

연령별 가짜 뉴스 식별 능력. 인터넷 이용 시간이 길어질수록 가짜 뉴스 판별 능력이 떨어지는 경향을 보여 준다. (출처: 영국 케임브리지대학 심리학과 연구 팀, 2023. 4.)

고, 해석하고, 만들어 내고, 소통하고, 계산하는 능력"으로 정의합니다. OECD의 정의도 볼까요? "일상생활, 가정, 직장, 커뮤니티에서 자신의 목표를 달성하고 지식과 잠재력을 발전시키는 능력"입니다. 정보를 내 삶에 맞게 활용하는 능력이 문해력이라고 정리할 수 있겠네요.

  정의만 봐도 문해력을 기르기가 까다로울 듯합니다. 그런데 더디지만 확실한 방법을 제가 경험으로 압니다. 수상할 정도로 뉴스를 많이 오래 읽어 온 사람으로서 자신합니다. '믿을 수 있는 정보'인 뉴스를 골라 읽는 습관을 들이는 것입니다. 세상을, 세계를

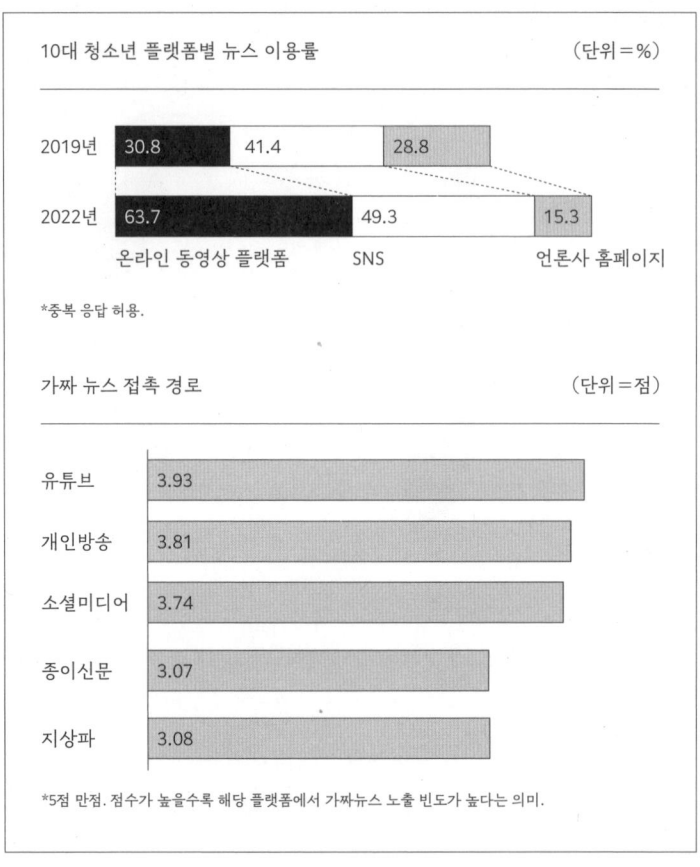

플랫폼별 뉴스 이용률과 가짜 뉴스 접촉 경로. 인터넷에서 뉴스를 많이 접한다고 해서 정보 판별 능력이 향상되는 것이 아님이 확인된다. (출처: 한국언론진흥재단)

보여 주는 창으로서 미디어는 어떻게 읽느냐에 따라 우리를 고정 관념에 가두기도 하고 새로운 가능성과 상상력, 통찰력을 주기도 합니다. 이때 우리가 읽고 보고 듣는 미디어의 모든 메시지를 '누군가 만들었다'는 점을 유념해야 합니다. 미디어에는 가치와 관점이 개입돼 있습니다. 드러난 것 못지않게 드러나지 않는 것을 읽어야 합니다. 이 훈련을 가능케 하는 것이 앞에서도 말한 '편집'이며, 편집을 이해하는 힘이 미디어 문해력이라고도 할 수 있습니다.

그럼 미디어 문해력은 어떤 정보가 믿을 만한지 분별할 수 있는 힘, 필요한 정보를 얻기 위해 참고 자료를 찾는 맥락과 방법이라고도 할 수 있겠습니다. 이를 『팩트체크의 기초(The Chicago Guide to Fact-Checking)』에서는 '시프트(SIFT)'로 소개합니다. 우선 멈추고(Stop), 출처를 조사하고(Investigate the source), 더 나은 자료를 찾아보고(Find better coverage), 미디어의 보도 내용에서 주장과 인용을 따져 봐야(Trace claims, quotes, and media to the original context) 한다는 것이지요.

이렇게 기른 미디어 문해력은 우리의 '읽기'가 다른 사람의 삶에 가 닿도록 '쓰기'를 통해 내 생각과 지식을 나눌 수 있게 합니다. 그러나 사람 대부분은 생업이 있습니다. 콘텐츠를 물고, 뜯고, 씹고, 맛볼 시간도 여유도 없습니다. 그렇기 때문에 믿을 만한 정보를 생산하는, 공통의 상식을 만드는 언론의 구실이 아주 중요합니다.

'따옴표 저널리즘'을 넘어 '솔루션 저널리즘'으로

믿을 만한 정보를 생산해야 하는 존재로서 저의 요즘 고민은 기자의 구실이 어디까지 뻗어 나갈 수 있을까 하는 점입니다. 단순히 쓰고 보도하는 것을 넘어 동료 시민을 연결할 수 있을까요? 동료마다 온도차가 조금 있습니다만, 저는 기자의 일이 글쓰기에만 머물러서는 안 된다고 생각하는 편입니다. 더 넓어져야 하고, 넓어질 수 있다고도 믿습니다. 무엇을 위해 쓸지, 누구를 위해 쓸지 질문하다 보면 '쓴다'는 것이 글을 쓰는 일인 동시에 힘을 쓰는 방향에 대한 이야기임을 직감하게 됩니다. 뉴스의 목적은 전달이 아니라 연결이 돼야 합니다. 벽을 쌓는 것이 아니라 다리를 놓는 일이어야 합니다.

많은 기자들이 따옴표 뒤에 숨습니다. 저도 안락한 따옴표 안으로 자주 도망갑니다. 이른바 '따옴표 저널리즘'은 정보 전달 자체에 가치가 있다고도 할 수 있습니다. 기자가 직접 개입하기보다 누군가의 말을 그대로 전달하는 방식입니다. 정치 뉴스에서 흔히 볼 수 있는 방식이죠. 이에 대해 혹독한 비판도 있습니다. 일본의 지식인 다치바나 다카시(立花隆)가『지식의 단련법(知のソフトウェア)』에 이렇게 씁니다.

"코멘트가 담겨 있는 정보의 진위 문제는 발언자에게 일임되고 저자 자신이 새롭게 알아낸 사실은 없다. 적어도 그러한 발언이 있었던 것 자체는 사실이지만 발언 내용이 사실인지에 대해서는 저자가 책임을 지지 않는 형식을 취한다. 요컨대 거기에 있는 것은 말의 차원에서만 사실일 뿐 진짜 사실이냐 아니냐는 알 수 없다. 저널리즘 본래 모습은 역시 팩트 그 자체의 추구일 터이다. 그런 입장에서 보면 이런 수법은 명백히 교활한 도피이며 퇴폐이다."

저는 이 지적을 뼈아프게 받아들입니다. 한국 언론의 취약성도 여기에 닿아 있다고 여깁니다. 이런 면에서 주목받는 개념 중 하나가 '솔루션 저널리즘(solution journalism)'입니다. 우리가 흔히 떠올리는 언론의 사명은 어떤 것일까요? 네, 권력 감시일 테죠. 솔루션 저널리즘은 여기서 더 나아가 언론이 대안을 찾고 해법을 제시하는 것까지 맡아야 한다고 보는 문제의식입니다.

여러분이 기억하실 만한 사건으로 예를 들어 보겠습니다. 2020년에 벌어진 아동 학대 사건인 '정인이(가명) 사건'입니다. 참고로, 2022년 11월에 한국기자협회·보건복지부·아동권리보장원이 '아동 학대 언론 보도 권고 기준' 및 가이드라인을 제정해 공포했습니다. 여기에 2차 피해 예방을 위해 사건명에 피해 아동 이름을 붙이는 것도 주의해야 한다는 내용이 있는데요, 범죄와 가해자 중심으로 사건명을 규정해야 한다는 공감대가 이제 정착했습니다. (2025년 2월에 교사가 학교에서 학생을 살해한 김하늘 양 사건은 "제2의 하늘이가 나오지 않기를" 바라는 주 양육자의 뜻에 따라 이름과 얼굴이 공개됐으니 다른 맥락으로 봐야 합니다.) 어린이, 청소년이 숨진 참혹한 사건 앞에서 특히 여론이 쉽게 들끓습니다. 언론은 부채질을 멈추지 않고요. 단편적인 사실들이 진위 여부와 관계없이 모조리 뉴스가 됩니다.

이건 언론의 구실 중 가장 전통적이고 중요하다고 할 수 있는 게이트키핑(gatekeeping)을 잊은 태도입니다. 언론은 어떤 정보를 보도할지 판단해야 합니다. 이런 면에서 제가 비판적으로 보는 것 중 하나가 CBS 라디오 〈김현정의 뉴스쇼〉입니다. 특히 형사사건이 터지면 당사자 목소리를 듣는 것이 마치 대단히 중요한 저널리즘인 것처럼 헷갈리게 하기 때문입니다. 피해자 가족의 말이 중요한 정보지만 문제 해결의 유일한 '정답'일 수는 없습니다. 저는 이 목소리가 아주 중요하다고 생각하는 한편 이 목소리를 날것으로만 전하지 않게 할 책임이 저널리즘에 있다고 봅니다.

한국 사회는 범죄 앞에서 매번 제자리걸음입니다. 어떤 범죄가 일어나면 시민은 분노하고, 언론은 선정적인 보도를 이어 갑니다. 정치권에서는 강성 형벌 정책을 '해법'이랍시고 급하게 내놓습니다. 모두가 힘을 합쳐 돌만 던지는 꼴입니다. 얼마 지나지 않아 다른 곳으로 우르르 다시 돌을 던지러 갑니다. '다이내믹 코리아'라 사건이 끊임없이 터지니까요. 그사이 깨진 창문은 아무도 돌아보지 않습니다.

우리는 모두 '좋은 사람'이 되고 싶어 한다

깨진 창문에 종이라도 바르자고, 테이프를 붙이는 시늉이라도 하자고 주장하는 것을 솔루션 저널리즘이라고 할 수 있겠지요. 해법 제시가 될 수도 있고, 해법을 찾는 과정에 대한 보도일 수도 있습니다. 많은 사람들이 뉴스를 소비하면서 분노하거나 안심하고 쉽게 잊습니다. 우리가 더 할 수 있는 일이 없기 때문입니다. 그래서 더더욱 뉴스는 전달에 만족할 게 아니라 (시민들을) 연결하도록 움직여야 합니다.

이 의견이 언론계에서 많은 동의를 받지는 않습니다. 언론사와 시민단체는 엄연히 다르니까요. 하지만 저는 정말 그렇게 다른가 묻곤 합니다. 의제를 설정하고, 문제를 해결할 방법을 고민하는 점에서 언론과 시민단체의 차이가 어쩌면 아주 미미하다고도 생각합니다. 『시사IN』에서 제가 관여한 두 가지 시도가 학문적 솔루션 저널리즘에 꼭 들어맞지는 않아도 그 방향으로 가는 과정에 있다는 생각에 소개해 보겠습니다.

하나는 여러분이 '노란봉투법'이라는 이름으로 많이 아는 이야기입니다. 윤석열 씨가 번번이 거부권을 행사한 법안 중 하나고요. 노란봉투법은 2014년에 『시사IN』이 아름다운재단과 손잡고 손해배상 청구 소송과 가압류(손배가압류) 피해 노동자를 돕기 위해 시작한 '노란봉투 캠페인'에서 싹텄습니다. 『시사IN』 구독자인 주부 배춘환 씨가 편집국에 보낸 편지가 발단이었어요. 쌍용차 노조에 걸려 있는 손배가압류가 47억 원이라는 『시사IN』 기사를 읽은 배씨가 편지에 이렇게 씁니다.

"47억원……. 듣도 보도 못한 돈이라 여러 번 계산기를 두들겨 봤더니 4만 7000원씩 10만 명이면 되더라고요. 다른 9만 9999명이 계시길 희망할 뿐입니다."

편지 뒷장에는 큰아이의 태권도 학원비를 헐어 보낸 4만 7000원이 들어 있었습니다. 이 편지를 지면에 소개한 뒤 다른 봉투들이 계속 편집국으로 날아들었습니다. 결국 캠페인으로 연결된 이 기사는 단순히 쌍용차 노조에 걸린 손배가압류 47억 원을 갚아 주자는 것이 아니었습니다. 시민들이 손배가압류 문제에 이

만큼이나 관심이 있다, 그러니 해결하라는 목소리를 보여 주는 것이 중요했습니다. 모금액 중 일부를 법과 제도 개선에 쓴 까닭입니다.

헌법에 보장된 노동3권에 해당하는 파업을 했다는 이유로 여전히 수십억, 수백억 원의 손해배상 청구 소송이 남발됩니다. 이 때문에 여러 노동자가 목숨을 끊었고, 오늘도 높은 굴뚝에서 내려오지 못하고 있습니다. 그런데 기자는 기본적으로 2차 생산자입니다. '사건'이나 '현상' 없이 기사를 쓰기는 쉽지 않습니다. 노란봉투 캠페인 전까지만 해도 손배가압류 기사는 누군가 죽어야 쓸 수 있었습니다.

기자는 자신이 쉽게 안다고 생각하는 '착각병'에 걸리곤 합니다. "얘기 안 돼(기사 안 된다)" 같은 말도 이 병에서 나오죠. 기자가 가진 정보량은 일반 독자보다 많습니다. 어쩌면 그래서 늘 독자보다 앞서서 판단해 버리는지도 모르겠습니다. 캠페인이 진행되는 동안 '이미 나온 얘기다'거나 '얘기 안 된다'는 말 한 마디로 얼마나 많은 기삿거리가 회의에서 죽었는지를 뼈아프게 떠올려야 했습니다. 누군가에게는 삶이 통째로 걸린 문제를 우리가 너무 쉽게 판단하진 않았을까? '새로운 나쁜 짓'은 기사가 되지만, '10년 된 나쁜 짓'은 기사가 안 되는 것이 언론의 숙명이라고 체념하진 않았을까?

2012년, 한진중공업 최강서 씨가 목숨을 잃었을 때 『시사IN』이 쓴 기사는 세 쪽이었습니다. 노란봉투 캠페인을 진행하면서 두 달에 걸쳐 50여 쪽을 썼어요. 누군가 죽지 않았는데도 기사를 쓸 수 있어서 정말 기뻤습니다. 다른 언론사에서도 비슷한 기획이 나오기 시작했습니다. 정치권이 움직이고, 법조계가 고민하는 모습을 보았습니다. 이때 배웠어요. 의제를 만들어서 여론을 환기하는 경험을 매체 차원에서 해 본 겁니다.

이와 비슷한 경험이 2021년에도 있었습니다. 이해 4월 7일부터 5월 18일까지 사회적협동조합 오늘의행동과 함께 벌인 '왓칭 미얀마(#WATCHINGMYANMAR) 캠페인'입니다. 코로나 팬데믹 여파로 하늘길이 막혀 미얀마 민주화 운동 현장 취재를 할 수 없는 상황이었습니다. 아시아 어느 나라가 미얀마를 위해 목소리를 내어 줄 수 있을까, 둘러보면 한숨만 났습니다. 한국은 드물게 또 어렵게 민주주의를 공고화한 나라로서 책임감을 가져야 하지 않을까요? 광주의 경험 없이도 동료 시민으로서 도울 수 있어야 한다는 말, 저는 절반만 맞는다고 생각했습니다. 우리에게 광주의 경험이 있어 더 잘 이해할 수 있고 조금 더 관심 가질 수 있기 때문입니다.

세상과 독자를 어떤 식으로 연결할까? 거기에서 우리가 어떤 일을 할 수 있을까? 질문은 계속됐습니다. 사실 저는 처음에 미얀마를 위해 캠페인을 기획해 보자는 데 반대했습니다. 국제 문제로는 노란봉투 캠페인처럼 시민 참여를 장담하기 어렵다는 현실적인 이유였습니다. (인기 없기로 둘째가라면 서러울 노동문제인 노란봉투 캠페인의 성공은 '기적'으로 불리곤 했습니다.) 치열한 논의 끝에 『시사IN』 편집국은 '(미얀마) 기자들을 지원하자'는 데 의견을 모았습니다. 한국의 독립 언론이 미얀마 기자들을 지원하는 일은 명분도 의미도 있었죠. '시민이 만든 지면' '당신이 만든 기사'라는 자부심을 우리 독자에게 줄 수 있겠다 싶었습니다. 이때 누군가 SNS에서 그러더군요. "원고료나 취재비는 『시사IN』이 지급해야지, 왜 모금해?" 맞는 말입니다. 평소라면 당연히 그렇게 했을 겁니다.

저는 사람들이 '좋은 사람'이 되고 싶어 한다고 생각합니다. 공동체에 기여하고 싶어 하고요. 이런 영향력을 행사하고 싶어 할 때 나 혼자만의 생각이 아니라 여러 사람이 어떤 행동을 하고 싶어 한다고 확인하게 하는 것, 이런 마음을 묶어 내는 것이 저널리즘의 소임이 될 수 있지 않을까요? 독자로서 기사를 읽다가 답답할 때가 많지 않나요? 저는 그래서 '내'가 뭘 어떻게 해야 바꿀 수 있는지, 뭘 할 수 있는지 잘 모를 때 특히 그렇습니다. 완벽한 답이 아니라도 한두 가지 답은 언론이 내놓을 수 있어야 한다고 생각했습니다. 물론 언론이 잘할 수 있는 방법이어야겠죠.

기자들이 잘하는 것 중 하나가 전문가를 많이 안다는 점입니다. 저희도 그래서 캠페인 전문가를 찾아갔습니다. 캠페인 전문가인 오늘의행동과 미얀마 민주화를 상징하는 세 손가락 투표용지를 만들고, 빨간 풍선과 밀크티 같은 것을 제작하고 배포했습니다. 연대하려는 마음이 '뻘쭘하지 않도록' 일종의 행동 도구를 만들었고, 『시사IN』은 전달하고 확산시키는 일을 했습니다. 광주를 기억하며 풍선을 달아 준 할머니, 실업 급여를 쪼개 후원했다는 분, 4·19 5·18 연계 수업을 해 주시는 선생님과 학생들······. 누군가는 이런 온라인상 연대가 무슨 도움이 되냐고 물었죠. 그런데 진공상태에서 일어나는 변화는 없습니다. 미얀마 문제를 해결하려면 국제사회의 개입이 필요하고, 어떤 식으로든 사회적 압력을 만들어서 정책 결정자 눈에 보이게 하는 게 중요합니다.

쿠데타가 일어나기 전, 군부가 민간으로 권력을 이양하기 시작한 2010년 이래 미얀마에도 큰 변화가 여럿 있었습니다. 무엇보다 미얀마 내 출판물에 대한 규제가 대폭 완화됐다고 해요. 이건 숫자로도 나타납니다. 일간지 32개, 주간지 400여 개, 월간지 350여 개가 창간됐거든요. 감옥에 갇혀 있던 기자들도 현장으로 돌아왔고요. 2012년에는 정부 검열 부서의 장이 텔레비전에 나와 "진정한 민주주의가 되려면 검열을 철폐해야 합니다"고 선언하기도 했습니다. 작가이자 활동가인 마 타네기(Ma Thanegi)는 이렇게 말했습니다.

"요즘은 어디서든 부당한 일이 발생했다 하면 무조건 신문에 납니다. 이런 상황은 난생처음이에요. 비록 이렇다 할 조치는 취해지지 않더라도, 최소한 우리가 알고는 있죠."(『경험 수집가의 여행』, 앤드루 솔로몬 지음, 김명남 옮김, 열린책들, 2019.)

그로부터 10년 넘는 세월이 흘렀지만 오랜 식민 지배와 군부 통치로 누적된 문제를 해결하기에는 짧은 시간이었습니다. 의회 의석 25퍼센트를 차지한 군은 여전히 막강한 권력을 쥐고 있었고, 대안 세력은 번번이 헌법 개정에 실패했어요. 이 틈을 비집고 2021년 2월에 군부 쿠데타가 벌어진 겁니다. 미얀마 기자들은 구금되고 쫓기는 상황에서도 현장을 성실하게 기록해 나갔습니다. 캠페인을 통해 모인 돈에는 기자들의 취재에 대한 격려와 미얀마 민주주의에 대한 응원이 담겨 있었습니다.

캠페인이 끝난 뒤에도 미얀마 언론인이 보내오는 기사는 『시사IN』 지면에 꾸준히 소개했습니다. 우리가 이렇게 연결돼 있다는 것, 동료 시민으로서 고통받는 사람을 돕는다는 것, 꼭 돈을 내지 않아도 마음을 내고 시간을 내며 눈에 보이게 하는 것. 제가 이때 쓴 캠페인 기사에 이런 대목이 있습니다.

"『시사IN』은 시민사회와 민주주의를 더 크고 넓게 만드는 일에 기여해야 한다는 저널리즘의 숙제를 잊지 않겠습니다."

"사실을 수집하는 데는 아주 많은 돈이 듭니다"

저널리즘이 풀어야 하는 숙제는 민주주의 국가에 사는 시민들의 숙제이기도 합니다. 왕도는 없습니다. 본질을 잊지 않으려고 합니다. 공동체에 필요한 정보를 생산하는 일은 공동체에 새로운 관점과 가치를 제안하는 일입니다. 이 까다롭고 피곤한 일에서 눈길을 돌리지 말아 주시기를 부탁드립니다. 포기라는 쉬운 길 대신 비판적 지지의 눈으로 바라봐 주시기를 당부합니다. 유튜브를 비롯한 뉴미디어의 시대에도 여전히 '1차 정보'의 팩트는 레거시 미디어가 맡고 있습니다.

44년 동안 현장을 지킨 『뉴욕타임스』 감염병 전문 기자 도널드 맥닐(Donald McNeil)이 2020년에 『시사IN』과 한 인터뷰에서 말했습니다.

"사실(fact)을 수집하는 데는 아주 많은 돈이 듭니다."

언론을 돈 내고 구독하는 일의 중요성을 웅변하는 말이기도 합니다. 단 하나의 팩트를 확인하기 위해 많은 기자가 오랜 시간 공을 들입니다. 때로는 바보 같은 기자들의 질문이 드러내는 진실이 있습니다. 권력자나 공인의 반응을 이끌어 내는 것 자체가 정보일 수 있기 때문입니다.

언론이 변해야 한다고 생각한다면, 언론이 팩트를 찾아 가는 과정을 어떻게 지지하고 응원할 수 있을지도 함께 고민해 주시면 좋겠습니다. '나쁘다'고 생각하는 기사를 비판하고 욕하는 것도 나쁜 정보의 '유통'에 도움만 될 뿐입니다. 언제나 비판보다 비평이 까다롭고 어렵습니다. 나쁜 것을 나쁘다고 말하는 쉬운 길보다, 좋은 것의 좋은 이유를 살뜰히 찾고 살펴 널리 알려 주시기를 부탁드립니다.

한국기자협회에서는 매달 '이달의 기자상'을 선정합니다. 홈페이지에 역대 수상자 명단과 취재 후기 등이 올라오는데, 이것만 죽 봐도 객관적으로 '좋은 기사'가 뭔지 감을 잡을 수 있습니다. 저는 2025년 1월 이달의 기자상을 받은 『동아일보』 히어로콘텐츠 팀의 행보를 인상적으로 보고 있어요. 이 팀은 『동아일보』가 창간 100주년을 맞은 2020년 5월에 출범했습니다. 흔히 온라인에서는 긴 글을 읽지 않는다지만 저는 이 말을 믿지 않습니다. 사람들은 잘 쓴 글을 읽고 싶어 하고, 읽습니다. 히어로콘텐츠 팀이 내놓은 최근 기사는 아파트 안전 문제를 7개월 간 추적한 '누락'입니다. 이 밖에도 불법 사재를 다룬 '트랩', 37일간 응급실과 구급차를 오가며 쓴 '표류' 등 모두 깊이와 의미를 동시에 잡은 기사입니다.

『한국일보』와 『경향신문』, 『한겨레』도 탐사 보도 팀을 운영하면서 좋은 저널리즘이 무엇인지를 끊임없이 묻고, 답하고, 실패하며 실험을 거듭하고 있습니다. 좋은 탐사 보도가 그렇듯, 솔루션 저널리즘에 가 닿으려는 노력도 계속됩니다. 눈 밝은 여러분이 저널리즘의 미래를 만들어 가는 기자들의 도전에 함께해 주시기를 부탁하고 싶습니다. 좋은 뉴스는 거의 언제나 독자가 만듭니다. 저는 이 과정 자체가 미디어 문해력이라는 힘을 기르는 일이고, 시민이 힘을 키워 나가는 과정이라고 믿습니다.

장혜령 작가의 소설 『진주』에서 제가 가장 좋아하는 문장을 마지막으로 소개하고 싶습니다.

"알 수 없는 것, 알 수 없다고 여겨지는 것, 그러나 이해할 수 없음에도 읽는 것, 끝까지 그 끈을 놓지 않는 것, 그로부터 바로 사유가 확장됩니다. 그리고 그것은 사랑의 속성이기도 합니다."

그 사랑의 질긴 힘으로, 여러분과 언론이 앞으로도 오래 연결되기를 꿈꿉니다.

Q & A

Q. 『시사IN』은 주간지잖아요. 잡지는 일간지와 달리 주나 달을 기준으로 발행되는데, 실시간으로 온라인 속보가 뜨는 지금 같은 상황에서 기간이 어떤 의미가 있는지 궁금합니다.

A. 먼저 주간지 흐름을 조금 설명드리면 저희 마감이 매주 수요일, 목요일입니다. 편집 작업은 목요일 밤부터 금요일 새벽까지 이어집니다. 정기 구독자는 토요일부터 온라인에서 바로 기사를 볼 수 있는데(종이책 독자는 종이 매체의 특성을 좋아하는 분들이기도 해서, 온라인을 열어드려도 잘 안 보고 책을 기다립니다만), 정기 구독자가 아닌 분은 지면 발행 2주 뒤에 기사를 온라인으로 볼 수 있어요. 이건 2주 뒤에도 읽을 만한 기사를 써야 한다는 뜻입니다. 뉴스의 유통기한이 있다고 치면 저희한테는 최소 2주죠.

근데 이게 가능하냐 하면, 요즘은 거의 불가능합니다. 불가능하기 때문에 여러 장치를 두고 있어요. 이를테면 한 달에 9900원을 내면 목요일에 마감한 기사를 토요일에 바로 읽을 수 있게 한다든지, 속보성 기사나 단독 기사를 확보한 경우에는 온라인으로 내보냅니다.

단순히 2주 뒤까지 유효한 뉴스를 만드는 것뿐 아니라 시간이 지나고 봐도 단편적인 사건의 맥락을 이해하는 데 도움이 되는 정보를 생산하는 게 주간지가 할 일이라고 생각해요. 요즘은 '뉴닉' 같은 뉴스레터 기반의 뉴스 서비스도 여럿 있고 뉴스를 소비하는 방법이 다양하지만, 주간지야말로 전통적인 '뉴스 큐레이션 서비스'라고 표현할 수 있을 것 같습니다. 매일같이 쏟아지는 뉴스 중에서도 현재 가장 중요한 이슈를 해설하고 깊이 있게 보도하는 매체니까요.

『시사IN』은 기본적으로 종이 잡지면서 디지털 매체입니다. 주간지의 장점인 탐사 보도와 데이터 저널리즘을 온라인과 모바일로도 표현하기 위해 프로젝트 페이지를 따로 만드는 등 여러 실험을 하고 있습니다. 기본적으로는 온라인 홈페이지가 있고, 갖가지 SNS 계정을 운용하죠. 유튜브만 해도 구독자가 50만 명이 넘거든요. 뉴스를 어떻게 전달할 것인가를 플랫폼별로 쪼개서 고민하고 있어요. 여러 연구를 통해 가짜 뉴스를 어디서 가장 많이 접하는지 알아보면 SNS, 특히 유튜브입니다. 종이가 아무리 오래 살아남을 만큼 강한 물리적 조건을 갖췄어도, SNS나 유튜브에 사실과 지식과 양질의 정보를 제공할 의무가 언론에 있다고 생각해요. 작은 매체라도 이런 소임을 포기하면 안 된다고 봅니다.

(Q) 언론은 가치중립적이어야 한다지만 진실을 찾는 것이 더 중요하다는 견해도 있지요. 언론이 하는 일에 감시와 문제 해결이 있다면, 이 둘 사이에 충돌 지점도 있다고 봅니다. 진실 추구와 문제 해결도 방향이 달라 보이고요. 감시 이후, 문제를 해결한 다음에는 뭘 할 것인가라는 문제도 있겠지요.

A 사실 저는 권력 감시를 잘하는 기자는 아닙니다. 검찰 개혁 같은 문제가 너무나 중요하다는 것은 잘 알고, 이런 문제가 우리 일상과 생각보다 밀접하다는 것도 이해합니다. 하지만 그것이 제 동생이 쿠팡 새벽배송을 하는 삶 또는 중학교를 나오지 못한 어머니의 삶과 어떻게 연결되는지에 대해 늘 고민이 많았습니다. 그래서 제가 쓰고 싶던 기사는 권력 감시보다는 사람들의 일상 기록에 더 가까웠던 것 같습니다.

그리고 감시와 문제 해결이 모순처럼 느껴질 수도 있지만, 어찌 보면 아주 당연해요. 우리의 일상이 본래 모순으로 가득 차 있기 때문이죠. 이 모순을 어떻게 받아들이고 함께할 것인지가 중요합니다. 단순히 '이 모순이 불편하니 해결해야 한다'는 것이 아니라, 결국 이 모순을 끌어안고 가야 합니다. 세상의 모든 일이 결국 어떤 식으로든 모순을 포함하고 있거든요.

저는 '중립'이나 '객관' 같은 개념에 대해서도 고민이 많습니다. 진실은 단 하나가 아닐 수 있고, '팩트'라는 개념조차 때로는 오염되었다고 생각해요. 기자가 기사를 쓰기로 결정하는 순간, 이미 개인의 가치관이 개입됩니다. 같은 사건을 다뤄도 어떤 취재원을 만나느냐에 따라 기사 내용이 달라질 수 있습니다. 이를 앞서 말씀드린 것처럼 두 가지 매체만 비교해 봐도 쉽게 알 수 있을 거예요. 결국 우리는 세상을 어떤 관점으로 볼지 선택해야 합니다. 저는 중립이나 객관성을 지향해야 한다고 생각하지만, 스스로 "나는 중립적이야" 또는 "나는 객관적이야"라고 절대 말하지 못해요. 언론이 중립적이고 객관적이라고 주장하는 것은 오히려 거

짓에 가깝다고 생각합니다.

신입 기자들이 교육받을 때 '나는'을 쓰지 않는 법을 가장 많이 배워요. 즉 주어가 내가 아닌 것을 배워요. 하지만 정말 그럴까요? 우리가 쓰는 기사가 정말 '나'로부터 출발하지 않을까요? 저는 비비언 고닉(Vivian Gornick)이 『끝나지 않은 일(Unfinished Business)』에서 '1인칭 저널리즘'에 대해 이야기했을 때 큰 해방감을 느꼈습니다. 그렇지! 1인칭으로도 당연히 사회를 볼 수 있지. 나에게서 출발해 사회를 보고 나에게서 출발해 세상을 볼 수 있지. 나야말로 정직한 출발점이 아닐까?

질문으로 돌아가 감시 이후의 할 일에 대해 말하자면, 저널리즘이 모든 것을 해결할 필요는 없는 것 같아요. 저널리즘도 사회의 한 영역일 뿐이며 감시 이후 할 일은 정치가 감당해야 할 부분도 있고, 시민으로서 우리가 함께 책임져야 할 영역도 있다고 생각합니다.

5장 '좋아요' 너머의 페미니즘

손희정

"여자들이 이것까지 해야 하나요?" 한국어판으로 1100쪽에 이르는 수전 팔루디(Susan Faludi)의 『스티프트(Stiffed)』를 번역하고 나서 가끔 듣는 질문입니다. 이런 질문이 나오는 것은 이 책이 팔루디가 6년 동안 미국 전역을 돌아다니면서 '화가 난 남자들' 수백 명의 이야기를 듣고 정리한 르포르타주이기 때문이죠. 성평등을 말하기 위해서 다시 또, 지금까지와 마찬가지로, 남자들의 이야기를 들어야 하느냐는 질문은 물론 타당합니다. 그리고 저는 이렇게 답합니다.

"여자들이 할 필요는 없습니다. 하지만 세상을 바꾸려고 하는 사람이라면, 그래야죠."

페미니스트는 변화를 위해 노력하는 사람입니다. '우리 일의 미래'라는 주제와 '페미니즘'이라는 키워드 앞에서 한동안 머뭇거렸습니다. 페미니스트 앞에 놓인 미래는 어떤 모습일까, 페미니스트는 어떤 미래를 만들어 가야 할까, 혹은 페미니스트에게 미래가 있을까?

저는 '우리'의 미래가 지금과 크게 다르지는 않을 거라고 생각해요. 지금처럼 '오늘보다는 나은 내일'을 꿈꾸며 내가 지금, 여기에서 할 수 있는 일을 찾아서 열심을 다하겠죠. 이런 마음을 바탕으로 이미 닥쳐온 파국과 디지털 시대의 페미니즘에 대해 이야기 나눠 보려 합니다.

손희정,
대중매체부터 전문 학술장까지 아우르는 전방위 문화비평가

'개입'과 '도전'을 겁내지 않는 실천적 지식인.
미디어 연구×영상문화기획 단체 프로젝트38 멤버.
2010년대 중반 한국의 페미니즘 대중화 현상을
'페미니즘 리부트'로 정의한 주인공.
최근작 『손상된 행성에서 더 나은 파국을 상상하기』로
페미니즘 인식론의 깊이와 넓이를 보여 주었다.

파국에 대한 응답-능력

2024년 겨울부터 2025년 봄까지 참 모질고 무참한 시기를 보냈습니다. K-데모크라시를 자랑하던 한국 사회가 사실은 뿌리 깊은 과두제 사회였음을 12·3 내란을 통해 반복적으로 확인했죠. 소수 엘리트 관료가 법이나 정치 같은 시스템이 별것 아니라는 듯 매일같이 모욕하고, 사이버스페이스와 아스팔트에서는 각종 음모론과 폭력을 수반한 증오가 사람들의 주목을 끌어 돈을 벌면서 이런 과두제를 지탱하고 있음을 목격했습니다.

흙과 나무와 풀과 벌레와 동물과 사람의 울부짖음도 들렸어요. 의성에서 시작된 산불이 역대 최악의 피해를 기록하며 많은 것을 집어삼켰지요. 그러지 않아도 가문 계절에 사람들이 불을 너무 부주의하게 다룬 것이 재난의 시작이었습니다. 하지만 산불을 그렇게까지 키운 건 이윤을 추구하는 인간의 욕망과 삶의 양식입니다. 이런 와중에 한쪽에서는 중국인들이, 다른 한쪽에서는 극우가 산불을 질렀다고 주장했습니다.

그야말로 이미 닥쳐온 파국의 시간입니다. 이런 총체적인 난국을 파국이 아니라고 말할 재간이 저에게는 없습니다. 이런 때 '우리 일의 미래'에 대해 말한다는 건 어떤 의미일까요?

여기서 '미래'란 설렘 속에서 기다리는 또는 희망을 품고 만들어 가는, 어떤 새로운 전망의 이야기만은 아닐 거예요. '미래'라는 시간성은 오히려 지금의 좌절 속에서 과연 다음이 있을까, 라는 근본적인 불안과 회의를 품은 질문에 가깝습니다. 그리고 우리에겐 그 질문의 답을 찾기 위해 노력할 책임(responsibility)이 있다고 생각합니다. 페미니스트 철학자 캐런 바라드(Karen Barad)의 말을 따르자면 책임이란 자신을 넘어선 세계에 '응답할 수 있는 능력(response-ability)'입니다.

저는 오로지 나에게만 집중하는 나르시시즘을 넘어서 세계의 비참과 생명의 고통에 응답하려고 애쓰는 태도가 우리에게 주어진 최소한의 책임이라고 생각합니다. 물론 그렇게 하려면 내 위치를 이해하는 것이 중요하죠. 그래서 지금/여기에서 '우리 일의 미래'라는 질문을 던지는 건 아주 시의적절하고 꼭 필요한 일이라고 봅니다. 특히 이 책에 참여한 저자들의 면면을 살펴보면서 더 그렇게 생각하게 되었습니다.

유튜브와 SNS가 지배적인 미디어가 되고 숏폼이야말로 가장 사랑받는 미디어 형식이 된 지금, 세계와 나 사이 연결을 지으면서도 (숏폼과 달리) 이 연결을 내 것으로 소화하기 위해 어느 정도 시간과 정성이 필요한 행위인 '독서'의 지속 가능성을 꿈꾼다면 얼마나 패기에 찬 일일까요? 미디어의 공공성을 위한 노력보다 유튜브의 클릭 장사가 더 진실하다는 믿음이 지배하는 음모론의 시대에 레거시 미디어의 구실을 고민한다면 얼마나 용기 있는 일일까요? 또 소수의 엘리트를 위한 '지식'을 거부하고 다양한 존재의 관점이 들어간 '과학'을 계획하는 페미니스트 과학철학의 시도는 얼마나 과감한가요?

이와 더불어서 저는 이 기획이 인간의 삶에만 집중하지 않고 다양한 생명종과 공간으로 선선히 시선을 돌렸다는 사실에 감탄하기도 했습니다. 종 다양성을 놀랍도록 줄이는 산업을 통해 돈을 버는 사회('산피아'로 불리는 산림청이 주도하는 조림 사업에서 수익을 내기 위해 멀쩡히 살아 있는 활엽수를 베고 소나무 단일 종 숲으로 바꿔 버렸다고 하지요.) 또는 편리한 삶에만 집중하며 다양한 종의 멸망을 방관하는 세계에서 종 다양성을 말하는 생태학자의 이야기와, 인간 문명이 없는 곳이라면 그저 텅 빈 황무지로 취급하면서 멋대로 개발하고 착취할 수 있다고 여기는 세계관으로부터 멀어져 자연 속 작고 부드러운 것들의 역능을 믿으며 새로운 공간을 짜려고 고심하는 정원사의 꿈은, 결코 우리 시대에 잘 팔리는 만만하고 쉬운 이야기가 아닙니다.

결국 이 책은 파국의 시대를 살아가는 이들이 '응답-능력'을 품고서 잘 보이지 않는 미래를 직접 만들어 가려고 애쓰는 과정에서 발견하는 슬기에 대한 기록이리라 생각합니다. 그리고 바로 그 자리에 페미니즘이 함께하는 건 일견 자연스러우면서도 자랑스러워할 만한 일입니다.

페미니즘은 늘 사회의 변화를 꿈꿉니다. 페미니스트는 어제의 부정의와 고통을 자양분으로 삼아 오늘을 바꾸고 또 다른 내일로 나아가려고 합니다. 그런데 이런 '진보적인 역사관'이란 언제나 판타지일 뿐이죠. 이게 페미니스트로서 요즘 제가 붙들고 있는 고민 중 하나입니다. 저는 언제나 페미니즘이 쓸모없어지는 세상이 도래하기를 꿈꿉니다. 얼마나 허망하고 불가능한 꿈인지 알면서도 그렇습니다. 페미니즘이 쓸모없는 세상이란 페미니즘의 꿈이 다 이루어진 세상이겠죠.

실상은 이럴 거예요. 우리는 다양한 진보 운동과 함께 끊임없이 다른 자리로 이동해 갈 겁니다. '앞으로' 나아간다기보다는 '어딘가' 다른 방향으로 이동하겠지요. 그리고 그 자리에는 언제나 그 자리만큼의 차별과 억압과 고통과 배제와 부정의가 있을 겁니다. 페미니즘 200년의 역사에서 페미니스트들이 계속 목소리를 낼 수밖에 없던 것은, 역사가 어디로도 가지 않아서가 아니라 역사가 도달하는 자리마다 또 다른 폐허가 놓여 있었기 때문입니다. 그러므로 '미래'는 여전히 지금과 같고, 그리하여 과거와 겹치리라는 생각이 좌절의 자양분이 되지 않도록 스스로에게 이런저런 즐거움을 허락하는 일이 중요합니다. 때로는 페미니즘이 '나빠진 세계'에 일조하기도 한다는 걸 되새기면서요.

그렇게 페미니즘은 꽤 오랫동안 사라지지 않을, 가장 급진적인 이론이자 실천일 것입니다. 그래서 페미니스트의 소명 의식을 품고서, 동시에 동료에 대한 믿음과 다소간의 자긍심을 가지고, 우리 일의 미래를 이야기하려고 합니다.

이들이 정말 '새로운' 시민인가

제 이야기의 제목은 "'좋아요' 너머의 페미니즘"입니다. 삶의 조건 중 하나라고 하기에는 인간 사회에 너무 큰 영향을 미치는 조건으로서 사이버스페이스가 관종과 관음 사이, 고립과 초연결 사이, 공유/공감과 친밀성의 상품화 사이 그리고 저항과 주목 경쟁 사이에 놓여 있다고 할 때 지금의 페미니즘은 그 공간을 투쟁의 거점으로, 성장의 발판으로, 한편으로는 효과적으로 싸우기 위한 화력의 저장고로 삼아 오고 있습니다. 이 안에서 페미니즘이 가질 수 있는 양가적인 성격, 모순 또는 어려움에 대한 고민을 여러분과 나누면 좋겠다고 생각했어요. SNS 중독 경제의 상징이라고 할 수 있는 '좋아요'라는 말이 제목에 들어간 건 이 때문입니다.

아시다시피 빅테크가 사람들의 도파민을 채굴해서 돈을 벌기 위해 중독을 디자인한다고 할 때, 사람들이 나에게 관심을 기울이고 있다는 걸 시각화해 쾌감을 주는 디자인 요소가 바로 '좋아요' 버튼이잖아요. 저는 이 '좋아요' 버튼이 인류사의 위대하면서도 위험한 발명이라고 생각해요. 페미니즘은 이 위대함 또는 위험함과 어떻게 공존할 수 있을까요? 또는 우리가 이 중독의 메커니즘을 어떻게 넘어서야 할까요?

응원봉 광장에서 시작해 보죠. 12·3 내란 극복 과정을 거치면서 한국 사회에서 가장 뜨거운 쟁점으로 떠오른 것이 응원봉 광장입니다. 로제의 〈아파트〉에 맞춰 춤추고 노래하며 독재자에 맞서는 민중. 새로운 시민의 등장에 한국 사회가 깜짝 놀라고 말았습니다. 그리고 이들은 대체로 청년 여성의 얼굴을 하고 있었죠.

이 글에서 청년 여성과 페미니즘 이야기를 섞어서 할 텐데, '청년 여성이 곧 페미니스트'인 건 아닙니다. 다만 겹치는 부분이 꽤 있으며 지난 10년간 페미니즘 운동이 만들어 낸 변화가 이 청년 여성들의 일상에 깊숙이 스며들어 있다는 것, 응원봉 광장도 이 흐름에서 자유로울 수 없다는 것은 사실입니다. 특히 지난 10년간 한국 대중 정치의 장에 페미니즘만큼 큰 파장을 일으킨 이론이나 실천이 있나 하면, 물론 이것이 유일한 이론이자 실천은 아니지만, 가장 큰 변수였다는 점을 부정하기 어려울 것 같습니다. 정치적인 효과를 만들어 내고, 사람들의 생각에 영향을 미쳤으며, 행동을 결정하는 요인으로 작동했어요. 실제로 내란 피의자께선 '여성가족부 폐지' 같은 공약을 내걸고 대통령이 되기도 했습니다.

여기서 이런 질문을 던져 봐야 하겠습니다. "그런데 이들이 정말 새로운 시민인가?" 열광하는 (어떤) 중장년들에겐 좀 미안한 이야기지만, 이들은 전혀 새로운 주체가 아닙니다. 광장에서 싸이의 노래가 싸늘한 반응을 얻었다는 사실을 생각해 보면 분명해지죠. 이들은 싸이의 여성 혐오적 가사를 즐기지 않을뿐더러, 2022년 '흠뻑쇼' 사건을 기억하고 있습니다. 당시 전국적인 물 부족 상황에서 한 회당 300톤의 물을 쏟아붓는 콘서트에 대한 비판의 목소리가 나오자, 싸이는 이를 무시하고 오히려 공연 횟수를 늘리는 행보를 보였습니다. 이런 태도에 대해 청년 여성들은 단호하게 "노(NO)!"라고 말했습니다.

이렇게 환경문제나 소수자 인권, 동물권 등에 대한 감수성은 청년 여성들이 평균적으로 높은 편입니다. 그때는 '피씨충'이라고 손가락질을 당한 이들이, 지금은 구국의 영웅으로 칭송받는 상황이 벌어진 셈입니다. 그러나 응원봉을 든 사람들을 영웅으로 받드는 것보다 이들의 감각이 지금/여기에서 자라나고 있는 민주주의의 새로운 감각임을 이해하는 것이 중요합니다.

한국의 페미니즘과 민주주의는 서로 영향을 미쳐 왔습니다. 민주주의의 역사가 없었다면 페미니즘이 지금과 같은 성격으로 구성되지는 않았을 겁니다. 이 반대도 마찬가지고요. 하지만 남성 중심적으로 정치를 이해하는 한국 사회에서는 청년 여성과 페미니스트 들이 정치의 주체로서 끊임없이 재발견됩니다. 미군 장갑차에 중학생이 압사 사고를 당한 뒤 열린 촛불 광장에도 청년 여성과 교복을 입은 '촛불 소녀'가 등장했고, 광우병 집회에도 촛불 소녀가 있었습니다. "우리 오빠(아이돌)에게 광우병 소를 먹일 수 없다"는 팬덤도 그 자리에 이미 있었죠. (사랑의 힘은 늘 놀랍습니다, 그렇지 않나요?) 세월호 광장에도 여성이 있었으며, 2016년 촛불 광장에도 여성이 있었습니다. 그런데 응원봉 광장에 청년 여성이 나왔다고 사람들이 또 깜짝 놀랍니다. 도대체 왜일까요?

이해를 돕기 위해 시계를 잠깐 2016년으로 돌려 봅시다. 박근혜 당시 대통령은 공교롭게도(!) 대한민국 최초의 여성 대통령입니다. 그래서 저 같은 사람은 이중고에 시달렸어요. 부패하고 무능한 대통령의 탄핵을 주장하는 한편 그가 여성이라서 당하는 공격에 반대해야 했기 때문입니다. 물론 그를 지키고 싶어서는 아니었습니다. 지금 와서 솔직하게 말하자면, 그가 한껏 모욕당하도록 내버려 두고 싶은 마음이 없던 것도 아닙니다. 하지만 박근혜에 대한 모욕이 시민이자 정치적 주체로서 여성을 폄하하고 공격하는 문화와 그 뿌리를 공유할 때, 그걸 묵과할 수는 없었습니다. '미스 박'이나 '닭근혜', (박근혜를 누드로 나타낸 풍자화) 〈더러운 잠〉 등 여성 혐오적인 공격에 대해 목소리를 높여 비판한 건 이 때문입니다. '암탉이 울면 나라가 망한다'로부터 나온 '닭근혜'를 어떻게 묵과할 수 있을까요? 저도 "생각하고 말하고 설치는" '암탉'인 걸요. ("생각하고 말하고 설친다"는 개그맨 장동민의 발언에서 나온, 2010년대 페미니즘 운동의 활기찬 구호입니다. 장동민은 한 토크쇼에서 "생각하고 말하고 설치는" 여자들이 싫다고 말해 그 자리에서는 웃음을, 여성 시청자들 사이에선 분노를 유발했습니다.)

당시 정치인의 의식 수준도 크게 다르지 않았습니다. 국회의원이자 전 국정원장인 박지원은 박근혜 탄핵 정국에서 "100년 내 여성 대통령은 꿈도 꾸지 마라" 했습니다. 참으로 의아한 일이죠. 제주 4·3과 5월 광주의 비극을 초래한 것도, 군사 쿠데타와 내란을 일으킨 것도, 자기 주머니 챙기느라 국토를 결딴낸 것도 전부 다 남자들인데, 누구도 "100년 내 남성 대통령은 꿈도 꾸지 마라" 하지 않습니다. 유독 여자 대통령의 성별만 문제 삼는 건, 여성을 보편적인 정치 주체로 상상하지 못한 탓입니다. 그래서

2008년에도 2016년에도 광장에 있던 '젊은 여성들'이 2024년에도 자꾸만 '새로운 주체'로 재발견되는 겁니다.

이런 모욕적인 상황에서도 여성들은 정치적 주체이기를 멈추지 않았습니다. 강남역 여성 살인 사건에서 열린 광장, 이대 미래라이프 시위 등을 지나 촛불 광장에 선 청년 여성들은 '페미존(femi-zone, 페미니스트들이 모인 광장)'을 만들기도 했어요. 이들은 정체성에 따라 차별하고 배제하지 않는, 민주적인 공간을 만들어 스스로를 드러냈습니다. 2016년 광장에서 페미존 깃발은 일종의 '응원봉'이었습니다.

이 여성들은 한국 민주주의 속에서 태어난 세대이며 이들이 실천하는 페미니즘은 한국 민주주의를 질적으로 확장했어요. '페미존'이 필요했던 건 촛불 광장이 안전한 장소가 아니었기 때문입니다. 촛불 광장은 페미니스트로서 발언하거나 퀴어 정체성을 드러내면 바로 공격받는 공간이었습니다. 그러므로 앞으로 이야기할 남태령에서 열린 응원봉 광장이 어쩌면 확장된 페미존이었는지도 모릅니다.

정체성 각성 그리고 '박탈'이라는 내러티브

응원봉 광장 옆에는 서부지법 난동 사건도 있었습니다. 많은 분이 응원봉 광장을 이해하려고 노력한 것처럼 서부지법에서 벌어진 테러도 이해하려고 노력했습니다. 그때 이런 말도 나왔죠. "이게 특별히 청년 남성의 문제인가? 역사적인 폭력의 현장에 남자가 없던 적이 있나?" 하지만 이건 그저 지금껏 반복된 "남자는 원래 그래(boys will be boys)"의 변주일 뿐입니다. 폭력 행위의 동기를 '남성적인 것'으로 자연화하는 오류에 쉽게 빠질 수 있다는 말입니다. 저는 이 폭력성에 '남자라는 사실'보다는 '남자로 각성하는 과정'이 놓여 있다고 생각합니다. 문제의 핵심은 어긋난 정체성 정치에 있다는 것이죠. 이제 '정체성 정치'라는 말로 이야기를 살짝 돌려 보겠습니다. 페미니즘과 깊은 관계가 있는 말이니까요.

몇 년 전 어떤 토론 자리에서 청년 남성이 왜 그렇게 페미니즘을 싫어하는가에 대해 이야기를 나누다가 들은 말입니다. "20대 아들이 그러더군요. 나는 그냥 사람이고 싶은데, 페미니즘이 자꾸 나를 남자로 부른다고요. 그래서 싫다고요." 아주 흥미로운 이야기죠. 드디어 남성이 스스로 인간 대표가 아니라 특정 성별인 '남자'로 정체화하기 시작했는데, 이 각성의 결정적인 계기가 한국 페미니즘이라는 뜻이기 때문입니다.

식민지기가 끝나고 대한민국 건국 이후 한국 남자들은 '보편 인간'이고자 했습니다. 이들이 '조센진'에서 벗어나 '보편 인간'으로 자리 잡기까지 가부장제가 열심히 움직였죠. 남성 중심의 '한국사'를 쓰고, 산업사회에 맞춰 '남성다움'의 의미를 재정립했으며, '정상 가족'이라는 틀 안에서 가장 지위를 구축하면서 제도적·상징적으로 남성의 경제적 지위를 안정화하는 등 정치·경제·사회·문화 전반에서 전방위적으로 노력했습니다. 이 과정은 꽤 성공적으로 진행됐어요.

그런데 1997년에 아시아 금융위기, 즉 IMF 사태가 빵 터졌죠. 경제적 재난이 시작됩니다. 경제력을 인간성의 기반으로 삼고, 그것은 오직 남성만이 감당할 수 있는 일이라고 여겨졌던 시대가 무너지기 시작합니다. IMF 사태 직후에 '고개 숙인 아버지', '아빠 힘내세요' 같은 말을 많이 들으셨을 거예요. 경제적 재난을 남성 서사로 이해하는 우리 사회의 관습적 사고에서 나온 유행어죠. 노동력 유연화를 위해 여성 노동자부터 해고했고, 남녀노소 가리지 않고 닥쳐온 경제적 위기를 곧장 배타적으로 남성의 위기이자 가장의 위기로 이해했어요. 그리고 이런 이해는 '남성이 약자'라는 담론과 연결되어 있습니다.

성재기란 사람이 있었습니다. 2006년에 '남성연대'라는 단체를 만들었고(서부지법 난동에서 문제가 된 '신남성연대'의 탄생에 영감을 준 단체라는 걸 이름에서 아시겠지요?), 한국 사회에서 '남성이야말로 약자'라는 담론을 처음 대중화한 인물로 평가받습니다. 2013년에 그가 단체 운영 자금을 모으겠다며 한강에 투신했다 불귀의 객이 됐어요. 1990년대까지 '젠더' 관점에서 불평등과 부정의를 다루는 '젠더 문제'는 언제나 '여자 문제'였습니다. 그런데 한국이 IMF 사태를 겪으면서 본격적으로 신자유주의로 진입하고 생존경쟁이 격화하기 시작한 21세기 이후 드디어 '젠더 문제'가 '남자 문제'가 되었어요.〔이웃 나라 일본에서도 비슷한 일이 벌어졌고, 이를 다룬 책이 다가 후토시(多賀太)의 『남자문제의 시대(男子問題の時代?)』입니다.〕경제권을 바탕으로 '남자다움'을 규정한 사회에서 경제적 몰락은 '보편 인간-남자'의 몰락이기도 한 탓입니다. 성재기는 이런 변동을 보여 주는 상징과도 같은 존재였죠.

그렇게 남성 중심적으로 이해된 경제 위기를 지나면서 한국 온라인에 마초 문화가 강화됩니다. 소수자를 때림으로써 남성 주체의 보편성을 세우려고 하는 움직임이 강해진 셈입니다. 포스트 IMF 시기의 온라인에서 "개념 없는 것이 종특"인 한국 여자들에게 붙은 '된장녀'라는 멸칭이 인기를 끌었고, 2008년 미국발 금융 위기 이후에는 '김치녀'라는 혐오 표현이 등장합니다. 이 시기에 온/오프라인을 가릴 것 없이 '여자 때리기'가 격화합니다.

온라인에서 '한국 여자 후려치기'가 일종의 놀이로 여겨지던 상황에서, 어느 날, 여자들이 갑자기 그들을 '한남(한국 남자)'이라고 부르기 시작합니다. 2015년 메갈리아의 등장이죠. '보편 인간(Man)'에서 '한국 남자(men)'로 추락. 이건 한국 남자들이 한국 여자들에게 늘 하던 일입니다. 그렇게 여자를 차별하던 이들이 메갈리아의 등장과 함께 거센 반격에 맞닥뜨리게 된 겁니다.

짓밟을 땐 자신의 성별을 굳이 인식할 필요가 없었지만, 짓밟힐 땐 그럴 수가 없었죠. 어떻게든 방어의 언어를 찾아야 했기 때문입니다. 그렇게 스스로를 '남자'로 인식하고, 그 정체성을 옹호해야만 하게 된 순간, 남자들은 남성 내부의 차이를 급진적으로 인식하게 됩니다. 아무리 생각해도 나는 억울한데, 그렇다고 해서 한국 사회에서 남자가 기득권임을 부정할 수도 없는 상황. 그래서 내 아버지 세대, 즉 586은 누릴 거 다 누리면서 가부장으로 살았는데, 이제 와서 이 권리들을 나한테서 빼앗아 가려고 하느냐는 이야기가 나옵니다.

저는 이 과정에서 '20대 남성 개새끼론'에 대응하는 것으로 서 '586 남성 개새끼론'이 등장했다고 생각합니다. 그게 문재인 정권 때 인천국제공항 사태나 공정 담론, '코인 빚투' 구제를 반대한 586에 대한 20대 남성의 반응과 연결되죠. 당신네들은 부동산으로 돈 벌어 놓고 우리한테는 왜 이러느냐는 겁니다. 이것이 진보 정권은 페미니스트여서 남성의 적이니까 윤석열 찍으러 가자는 식의 정치적 흐름으로 이어졌다고도 볼 수 있습니다.

중요한 건 단단한 정체성을 형성하려면 공통의 기억과 그것을 뒷받침하는 내러티브가 필요하다는 데 있습니다. 한국 남자 내러티브에서는 '박탈'이 가장 강력한 플롯이 된 듯합니다. 내 아버지는 가졌지만, 586 남자들은 누렸지만, 지금 동시대 알파 걸들이 휘두르고 있지만, 나에게 없는 그것. 내가 박탈당한, 바로 그것. 그것 때문에 나는 분노한다.

하지만 '그것'의 실체는 과연 뭘까요? 그래서 앞뒤 관계를 파악하는 것이 중요합니다. 세간의 평가처럼 (나중에 살펴볼) 메갈리아가 과격해서 남성 폭력을 불러온 것이 아니죠. 남자들의 각성이 메갈리아와 함께 시작된 게 아니라 거꾸로 남성 폭력이 페미니즘 대중화 물결과 메갈의 등장을 촉발했습니다. 다만 여성들이 '노'라고 말하기 시작하자, 남성 폭력과 여성 저항은 서로가 서로에게 개입해 상호 성격을 바꾸기 시작했죠.

서부지법 난동은 전광훈과 합류를 비롯한 종교 문제를 빼고 이야기할 수 없습니다만, 또 다른 중요한 축으로 '신남성연대' 등 반페미니즘을 자원으로 주목을 끌고 돈을 버는 이들을 함께 봐야 합니다. 이런 폭동에는 남자야말로 피해자이자 소수자라는 인식과 억울함의 정서를 바탕으로 하는 일부 남성의 왜곡된 정체성 정치가 놓여 있고, 그것을 상품으로 만드는 인플루언서들이 존재합니다.

당신들과 기꺼이 연대하겠다는 어떤 정체성 정치

정체성 정치는 연대를 불가능하게 만들어 신자유주의적 자기 착취를 지속시키고 새로운 권위주의를 부상시킨 만악의 근원일까요? 이 원죄는 모두 정체성 정치의 대표로 손꼽히는 페미니즘에 있을까요?

2020년대에 이르러 '정체성'이라는 정치 운동의 거점은 더는 소수자 운동이나 진보 진영의 전유물이 아닙니다. 정체성 정치가 1970년대 이후 인종차별과 성차별 등에 맞서고자 한 소수자 운동에서 비롯한 개념이지만, 이제 정치적 자원으로서 정체성은 "나야말로 '우리'를 대변한다"고 주장하는 극우 포퓰리즘의 무대에서 빛나는 주인공이 되었습니다. 농민운동에 응원봉과 깃발을 든 청년들이 연대한 2024년 12월 남태령 대첩에서처럼 진보적인 소수자 운동이 정체성 정치의 한계를 넘어 연대의 정치를 모색하던 바로 그 순간에, 극우는 콧노래를 부르며 정체성이라는 단어를 그러쥐었습니다. 중국인을 간첩으로 몰고, 이성애 정상 가족을 부르짖으며, '진짜 여자'의 권익을 주장하는 극우 수사는 '단단하고 건강한 정체성'이라는, 만들어진 믿음을 바탕으로 합니다.

하지만 역사적 맥락 안에서 등장한 진보적인 가치가 보수적인 의미를 띠게 된 것이 정체성 개념만의 문제는 아닙니다. "본디 혁명 문화에서 강조된 '국가'와 '애국'의 가치, 프랑스 혁명 이후 귀족 특권에 대항하여 부르주아에 의해 요구된 '명예'와 '노동'의 가치, 임금 착취에 대항한 프롤레타리아의 '권력'과 '노동'의 가치, 존재의 질서 보장 이전에 시민 평등권의 수호로서 '법과 권리'의 가치"(나탈리 하이니히, 『정체성이 아닌 것』, 임지영 옮김, 산지니, 2022) 등 많은 가치를 보수가 전유했습니다. 그러니 정체성 정치만 유독 이미 반동이었다고 단순하게 평가할 수 없겠죠. 중요한 건 정체성 정치가 구성되는 맥락이자 실천되는 방식입니다.

중국인과 외국인과 트랜스젠더를 공격하고 누군가를 폄하하면서 '우리' 안의 결속을 다지고 이것을 정치 세력화를 위해 이용하는 정체성 정치는 적극적으로 비판하는 동시에, 진보적인 정체성 정치에 있는 역사와 맥락을 폐기하지 않고 이것을 어떻게 사회 변화를 위해 전유할 수 있는가를 다시 이야기하는 것이 가능하다고 저는 생각합니다. 이런 용기를 얻을 수 있었던 자리가 바로 남태령입니다.

어째서 청년 여성들을 비롯한 다양한 소수자들, 자신의 '오타쿠' 정체성과 '페미니스트 정체성'을 말하는 청년 남성들이 농민과 연대하는 자리에 팔레스타인 국기나 퀴어 프라이드 깃발이 휘날렸나? 우리는 그 다양함이 교차하는 자리에서 등장한 가능성을 믿어야 할 것 같습니다. 김봉찬 대표님이 작고 부드러운 것들이 하는 일을 이야기해 주셨는데, 저는 이런 깃발과 응원봉 들이 작고 부드러운 것의 구실을 한다고 생각했습니다. 장소의 의미를 아예 바꿔 버리는 가능성으로서요.

하지만 이와 동시에 페미니스트로서 고민하지 않을 수 없는 장면도 있습니다. 응원봉 광장에 '다음'의 커뮤니티 카페 '여성시대'에서 먹거리 나눔을 하며 '떡볶이를 준비했는데 외국인에게는 주지 않는다'는 배너를 가지고 나왔습니다. '깨인 시민'으로 활동하는 유저를 페미니스트라고 이야기할 수 있을지 묻는다면, 꼭 그렇다고는 할 수 없습니다. 하지만 촛불 광장과 광우병 광장에서 활약하던 '여초' 커뮤니티의 활동을 광장 페미니즘의 일부로 기록하는 흐름도 분명히 있습니다. 또 여초 커뮤니티에서 공유되는 정치적 관점이나 삶의 태도에 페미니즘이 많은 영향을 미친 것도 사실입니다. '여성시대'는 여성 네티즌과 여성 정치, 여성의 삶, 여성 역사 그리고 페미니즘이 어슷하게 겹쳐진 어떤 자리에 있습니다.

누군가를 배제하겠다고 적극적으로 말하는 '여성 시민성'에 대해 페미니즘이 어떤 이야기를 할 수 있을까요? 우리가 치열하게 고민하고 응답해야 할 문제죠. 여기서 2015년의 '메갈리안 미러링'에 대한 이야기로 넘어가 봅시다. 당시 메갈리아의 등장에서 우리는 온라인 마초 문화와 그 언어를 정확하게 습득, 체화하고 있던 한국 여성이 '여자'로 각성했을 때 무슨 일이 벌어지는지 볼 수 있었습니다. 이 정치적 각성은 '김치녀'라는 멸칭에 대해 '한남'이라는 멸칭으로 응수하는 미러링으로 드러났습니다. 물론 "혐오에 혐오로 받아치는 것이 과연 옳았을까?"라는 질문이 여전히 우리를 사로잡고 있죠.

그럼 메갈리아란 무엇이었을까요? '메갈리아'는 몰라도 '집게손가락' 문제에 대해서는 많이들 들어 보셨을 겁니다. 집게손가락 이미지는 '메갈리아'의 엠블럼에서 온 것이기도 해요. 벌써 10년 전 일이니까, 한 번쯤 정리해 봐도 나쁘지 않을 것 같네요.

중동 호흡기 증후군인 메르스(MERS) 팬데믹이 펼쳐지고 있던 2015년에 '메르스 갤러리'라는 곳이 생겼습니다. 디시인사이드(디시)라는 '남초' 커뮤니티에서 만들어진 게시판이에요. 기본적으로 디시는 남성으로 상상되는 유저들이 모여서 여성 혐오적인 농담과 포르노그래피적 이미지를 공유하며 낄낄거리는 공간이기도 했죠.

그래서 평소처럼 메르스 갤러리에도 여성 혐오적인 게시물이 올라옵니다. 그중 하나가 홍콩으로 여행을 간 한국 여성 2명이 메르스 확산 방지를 위해 방역 조치를 시행하던 홍콩 당국의 격리 요구를 거부했다는 기사에 대한 반응들이었죠. '김치녀' 등등 한국 여성에 대한 모욕적인 언행에 메르스 갤러리를 찾던 여성 유저들이 '김치남'으로 받아치면서 이제까지 온라인에서 벌어지던 여자 짓밟기와는 다른 양상이 펼쳐지기 시작합니다. 그렇게 여성 유저들이 메르스 갤러리를 점령해 버린 거죠.

그간 한국 사회는, 특히 사이버스페이스의 남성 문화는 한국 여성들에게 다양한 폭력을 행사했어요. 예를 들어 보죠. (요즘이라고 안 쓰이는 건 아닙니다만) 당시 많이 쓰인 온라인 용어 중에 "삼일한"이란 말이 있어요. "여자와 북어는 삼 일에 한 번씩 패야 맛이 좋아진다"는 말의 준말이죠. '일베'로부터 밈이 돼 큰 인기를 누렸습니다. 예를 하나 더 들어 볼까요? "보전깨"라는 말도 즐겨 사용되었어요. "보지에 전구를 넣고 깨고 싶다"는 뜻입니다. 남성 중심적인 커뮤니티 문화에서 이런 말이 아무렇지도 않게 쓰였어요. 이런 말을 일상적으로 마주해야 한다는 것 자체가 유쾌하지 않은데 현실은 더 끔찍했어요. 2015년에는 사흘에 한 번꼴로 여성이 친밀한 남성에게 살해당했고, 2024년에는 이틀에 한 번꼴로 살해당했습니다. 당시 남초 커뮤니티를 물들인 "삼일한"이라는 말이 이렇게 현실 세계에서 벌어지는 물리적 폭력으로부터 자유로울까요?

　이런 역사가 쌓이고 쌓여 메르스 사태에 이르자 더는 참을 수 없게 된 여성들이 메르스 갤러리로 몰려갑니다. 그리고 이때까지 여성들이 당한 일을 그대로 남성들에게 되돌려주기 시작하죠. 바로 메르스 갤러리에서 등장한 '미러링' 전략입니다. (메갈리아라는 이름의 기원도 여기에 있습니다. '미러링'은 페미니스트 고전 소설인 『이갈리아의 딸들』이 취한 문학적 전략이거든요. 그래서 메르스 갤러리에 모여 있던 여성들이 독립해서 독자적인 사이트를 만들 때 '메르스+이갈리아', '메갈리아'가 됩니다.)

　우리는 원본 없이는 미러링된 내용을 제대로 이해할 수 없어요. 예컨대 메갈 게시판에 이런 내용이 올라옵니다. (험한 말을 양해해 주세요.) "유학 다녀온 남자들과 결혼하지 마세요. 이 구멍 저 구멍 쑤신 좆 더럽잖아요." 너무 당황스럽지만 이 내용의 원본을 보면 왜 이런 '저항' 방식이 등장했는지 이해는 됩니다. 온라인에서 아주 사랑받은 데다 실제로 일상적이고 당연한 것처럼 여겨지는 사고방식입니다. 원본은 이랬죠. "유학 다녀온 여자들과 결혼하지 마세요. 이 좆 저 좆 쑤신 구멍 더럽잖아요." 해외에서 생활한 여성에 대한 성적 낙인은 너무나도 오래되어서 뒤집어 보지 않으면 이상한 걸 느끼지 못할 정도였죠. 후자가 없다면, 전자는 사실 아무런 의미도 만들지 못합니다. 그런데도 언론은 전자만 뜯어다 메갈리아의 등장 이유를 왜곡했어요.

메갈리아가 등장하고 처음 한 주 동안 이런 말이 나왔습니다. "이거 여자애들일 리 없어. 왜냐? 첫째, 여자애들이 이렇게 험한 이야기를 할 리가 없어. 둘째, 여자애들이 이렇게 재미있을 리가 없어." 하지만 여자가 아닐 리가 없었죠. 그래서 온라인상에서 험한 말을 하는 사람 중에 남자인 척한 여자가 꽤 있다는 걸 깨닫게 됩니다. 한편으로 보자면 디지털 원주민으로서 온라인 언어를 완전히 내면화하고 있었기 때문에 메갈리아와 그 이후 나오는 워마드 같은 온라인 유희 또는 언어생활이 가능했던 거예요.

앞에서도 잠시 언급했지만 "여성 혐오를 혐오한다"는 전략이 과연 옳은가라는 질문이 있었습니다. '혐오에 혐오로 대응하는 전략' 때문에 그 안에서 성소수자 혐오, 빈곤 혐오, 장애 혐오에다 지금의 트랜스젠더 혐오까지 나오지 않았나 하는 자성의 목소리도 있었지요. 혐오란 기본적으로 내 건강한 신체의 경계와 정체성의 경계를 지키려고 발동하는 감정이기도 합니다. 이에 기반해 여성으로 각성하고 페미니스트로 각성했으니 소수자에 대한 혐오로 빠르게 전환되는 것 아니겠느냐는 질문, 이미 혐오에 근거한 정체성 정치가 자연스러운 것이 됐으니 메갈리아도 그 영향권 아래 있는 것 아니겠느냐는 의심이 가능해집니다. 저는 이 부분을 무시할 수 없다고 생각하는 한편 아주 정당한 평가는 아니라고 봅니다. 이 문제에 대해서는 다시 이야기하겠습니다.

제가 메갈리안 미러링을 보면서 누군가를 밀어냄으로써 내적 결속을 다지는 정체화의 힘이 얼마나 센지를 깨닫는 계기가 있어요. 당시 저는 아주 친한 10년 지기 여자 친구가 있었어요. 저보다 두세 살쯤 많은 그 친구로서는 강성 페미니스트를 가까운 친구로 둔 거죠. 제가 10년 동안 계속 이 친구한테 한국 가부장제에 대해 말했지만 설득하지 못했어요. "너, 너무 오버야. 한국에서 여자 살 만해, 남성 중심적이지 않아." 친구가 저한테 한 말입니다. 근데 메갈리아에 들어가 딱 3일 놀고 와서 한 말은 달랐어요. "한국은 남성중심적인 사회야." 그때 깨달았습니다. 변혁 운동, 노동 운동이나 장애 운동, 성소수자 운동도 마찬가지인데 어떤 운동이든 화력을 얻으려면 대단히 강력한 정체화 과정이 필요하다는 것, 그런데 그것이 때로는 배제의 힘을 가질 수밖에 없다는 것이에요.

그래서 우리에게 주어진 과제는 오히려 정체화, 그다음이라고 생각하게 됐어요. 메갈리안 미러링에 문제가 있었을 수도 있습니다. 혐오에 혐오로 반응하는 게 의외로 재미있고, 쉽게 그 재미에 길들거든요. 제가 여성 혐오에 대해 설명하는 강의가 보통 두 시간짜리입니다. 여성 혐오가 있다는 이야기로 청중을 설득하는데 두 시간이 걸려요. 그런데 "한국 여자 김치녀지, 개념 없는 건 한국 여자 종특이지" 하면 아주 쉽고 자극적이고 익숙한 데다 재미까지 있어서 0.5초 만에 설득되는 경우가 많아요. 한편으로는 이것이 온라인 마초 문화가 주목을 끌고 조회수를 수집하고 심지어 사이버 레커들이 돈을 버는 기제가 되기도 합니다.

설명과 설득은 시간이 오래 걸리고 혐오는 재미있고 신난다는 데 어려움이 있습니다. 중독 경제 시대에 설득의 말 또는 작고 부드러운 것이 자극적이고 세고 날카롭고 재미있는 것을 어떻게 이길 수 있을까요? 참 답이 쉽게 나오지 않는 질문입니다.

페미니즘 리부트와 페미니즘 제4물결

사실 메갈리아도 갑자기 하늘에서 떨어지진 않았어요. 그 탄생 비화(?)를 살펴볼 필요가 있습니다. 2015년 초 메갈리아 등장에 앞서 해시태그 운동이 있었어요. #나는페미니스트입니다 운동이에요. '잡년행진'이나 '안녕들하십니까?', '○○ 옆 대나무숲' 등 온라인을 중심으로 청년 여성들의 진보적인 목소리가 쌓인 시간이 만든 분위기 속에서 이 운동을 촉발한 결정적 계기는 김태훈이라는 팝 칼럼니스트가 쓴 글 한 편입니다.

2015년 초에 '18세 김 군'이라고 불린 10대 남성이 SNS에 '나는 페미니스트가 싫어요'라고 적고는 이슬람국가(IS)에 합류하기 위해 튀르키예로 간 사건이 있습니다. 한국 사회가 큰 충격을 받았죠. 이 사건에 우리가 주목해야 할 부분이 있습니다. 흔히 메갈리아 이후 청년 여성들이 너무 험한 말을 하고 남자들을 괴롭

히니까 그에 대응해 여성 혐오가 강해지고 페미니즘이 욕을 먹는 거라는데, 정말 그럴까요? 2015년에 이미 10대 남성이 페미니스트가 싫다면서 IS에 합류하러 간 건 중요한 사건입니다. 메갈리아 전에 이미 남성들의 여성 혐오, 페미니즘 혐오가 있었다는 걸 보여 주니까요.

그때 한 기자가 저에게 전화를 걸어 이런 질문을 했어요. "페미니스트가 도대체 뭘 어떻게 해서 청년 남성들이 그렇게 싫어합니까?" 제 답은 이랬습니다. "한국에서 페미니즘은 텅 빈 기표 같아서 우리가 아무것도 하지 않아도 싫어합니다." 그래서 싫어하는 어떤 특성들을 전부 다 페미니스트에게 갖다 넣어요. '김치녀'가 그 예죠. 텅 빈 기표에 싫어하는 걸 집어넣고 "이게 너희야"라고 해 버리는 방식입니다.

이런 상황에서 2015년 초에 김태훈 씨가 『그라치아』라는 패션지에 칼럼을 씁니다. 「IS보다 무뇌아적 페미니즘이 더 위험해요」. 왜 김 군이 튀르키예로 갔을까, 그건 한국의 무뇌아적 페미니즘이 한국 남성의 손에 올려진 밥그릇을 빼앗는 데 혈안이 되어 있기 때문이다. 이런 내용이에요. 흥미진진한 칼럼이죠. 그가 밥그릇 싸움이라고 폄하한 건, 정확하게 말해, 여성의 노동권 투쟁입니다. 아무리 폄하하려고 해도 정당한 권리 투쟁이라는 건 부정하기 어렵죠.

또 하나 크게 문제가 된 건, 사실관계가 아예 틀린 기술입니다. "콘돔의 발명으로 여성의 성이 온전히 자율권을 갖게 된 1960년대에 페미니즘은 발생했다." 하나부터 열까지 다 틀려서 어떻게 바로잡아야 할지 막막할 지경이었죠.

 페미니즘은 19세기 중반부터 교육권과 참정권을 요구하며 등장합니다. 콘돔은 이미 19세기에 공장에서 양산했고요. 1960년대에 생산되기 시작한 건 피임약입니다. 하지만 피임약과 콘돔이 나왔다고 해서 여성이 성적 자율권을 가졌을까요? 그랬다면 이렇게까지 열심히 싸우지 않아도 됐을 겁니다.

 그는 다 틀린 내용을 아무렇지도 않게 쓰면서 페미니스트를 공격했어요. 제가 이때 깨달은 게 있습니다. 21세기 대한민국에서는 페미니즘에 대해 아무것도 몰라도 아무 말이나 할 수 있구나. 그러고도 이토록 자신감 있게 아무렇게나 글을 쓰는 사람도 있구나. 그 글과 함께 #나는페미니스트입니다 운동이 시작됩니다. SNS, 특히 트위터에 모여 있던 여성들이 이 글을 공유하고 페미니즘은 이런 게 아니라고 말하며 자신이 페미니스트가 될 수밖에 없었던 개인적 경험을 털어놓기 시작하죠. "오빠는 설거지를 안 하는데 나는 왜 설거지를 해야 하지? #나는페미니스트입니다" 같은 사사롭게 보이는 일상 경험에서 시작해 그때까지 아무한테도 털어놓지 못한 성폭력 피해 기억도 공유하기 시작합니다.

 이런 경험의 공유는 놀라운 각성의 순간으로 이어졌어요. 그저 내가 운이 나빠서, 내가 뭔가를 잘못해서, 우리 가족이 특별히 이상해서······. 그래서 겪었다고 생각한 일이 혼자만의 경험이 아니라는 걸 서로 나누게 됐죠. 그래서 청년 여성들이 깨닫습니다.

 "만약 두 사람 이상이 같은 일을 겪고 있다면, 그건 개인적인 문제가 아니라 사회적인 문제다, 구조적인 문제다."

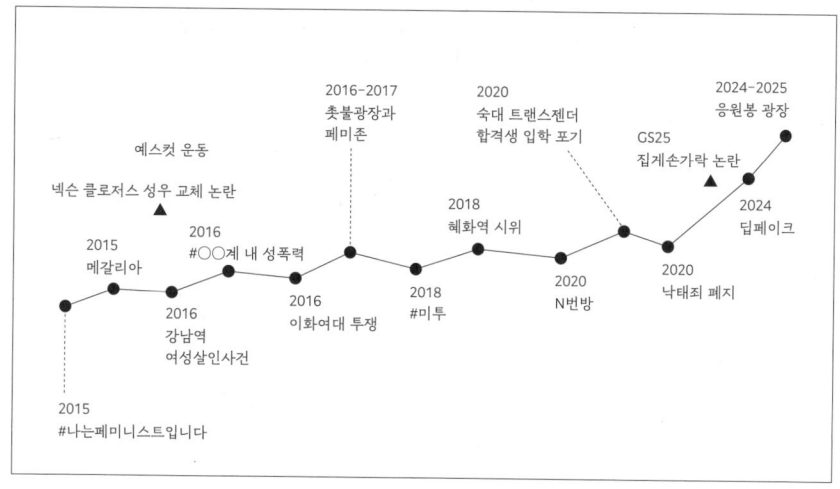

페미니즘 리부트 이후 페미니즘 제4물결의 주요 사건들.

이건 1960년대 서구에서 시작된 페미니즘 제2물결의 구호이기도 합니다.

그래서 '페미니즘 리부트'가 일어납니다. 2015년 3월 8일 여성의 날에 새롭게 각성한 페미니스트들이 광장으로 몰려나왔습니다. 그렇게 1년이 흐른 뒤 '강남역 여성 살인 사건'이 터지죠. 한국에서 여성이 남성에게 살해당하는 일은 전혀 새롭지 않습니다. 그런데 강남역 여성 살인 사건이 이토록 '완전히 다른 사건'이 된 이유가 뭘까요? 그건 2010년대 이후 점차 페미니스트로 각성한 또는 페미니즘의 수혜 속에서 세계를 다르게 보기 시작한 여성들이 이 사건에 이르러 "피해자의 잘못이 아니다, 가해자의 잘못이다"라고 말하기 시작했기 때문입니다. 여성들은 이제 여성 살해 사건에 "왜 여자가 밤늦게까지 술을 마셨어?" "왜 짧은 치마를 입었어?" "왜 남자를 유혹했어?" 같은 질문을 하지 않습니다. 그게 여성 살해의 원인이 아니라는 걸 알기 때문입니다.

이렇게 한국의 페미니즘이 전 지구적으로 펼쳐지는 페미니즘 제4물결에 합류합니다. 저는 예전에 '나는 페미니스트는 아니지만'이라는 말을 정말 싫어했어요. 근데 페미니즘 리부트 이후 '나는 페미니스트는 아니지만'이라는 부정의 말보다 그 뒤에 나오는 바람과 욕망과 희망의 말이 중요했다는 사실을 깨달았습니다. '나는 페미니스트는 아니지만'이라는 말 뒤에 반드시 페미니즘의 역사가 만든 변화의 내용이 나와요. 동일 노동 동일 임금을 원해, 성평등을 원해....... 이건 하늘에서 그냥 뚝 떨어지지 않았죠. 여기에 페미니스트들이 여성으로 또는 퀴어로 정체화하면서 만들어 온 여러 가지 의제가 공기처럼 남아 있어요.

그래서 저는 한편으로 페미니스트와 다른 진보를 꿈꾸는 사람들이 만든 열망이 정말 중요하다고 봅니다. 백래시에 밟힐 수도 있지만, 쉽게 지워지지 않는 것들이죠. 민주주의를 만들어 가는 힘도 마찬가지라고 생각해요. 사회 변화를 꿈꾸는 이들이 해야 할 일 중 하나는, 엄혹한 시기에도 이런 열망을 말하고 새기고 남기는 것이 아닐까 싶어요. 그걸 할 수 있다는 사실이, 페미니스트로서 자긍심이고 즐거움이기도 하죠.

디지털 고어 자본주의

'파국'에 대한 이야기로 서두를 열었습니다. 앞서 충분히 이야기하지 않은 일련의 비극을 통해 사이버스페이스 그리고 한국 사회를 조금 더 들여다보겠습니다. 제가 '디지털 고어 자본주의'라고 부른 현실 때문에 사람들이 자꾸 죽습니다. (디지털 고어 자본주의는 사람의 존엄을 해치고 생명을 빼앗는 것 자체가 돈이 되는 시장이 지배하는 자본주의를 가리킵니다. 뒤에서 조금 더 자세히 말할게요.) 특히 젊은 여자들이 죽죠. 2025년 초에 사망한 김새론 씨, 그 전에는 설리 씨, 구하라 씨도 있었어요.

왜 사건 사고에 휘말리는 젊은 여성은 항상 죽음으로 내몰릴까요? 여성 중에서도 특히 젊은 여성, 자원이 없는 여성에게 낙인이 쉽게 찍히며 이 낙인이 여성의 삶을 구경거리로 만들어 버립니다. 사실 김새론 씨는 음주 운전 사고를 일으킨 뒤 법적, 사회적, 도의적으로 져야 할 책임을 다 지고 3년 동안 연예계 활동을 접었지만 5000건 넘는 기사가 쏟아졌어요. 클릭 베이팅, 조회수 장사가 됐다는 뜻입니다. 그러니까 취약한 여성의 삶이 스펙터클 상품이 되는 사회라는 점, 이 상품으로 주목을 끌어 돈을 버는 중독 경제가 펼쳐져 있다는 점을 같이 고민해야 합니다.

온라인상에 떠도는 이미지나 콘텐츠가 보기 싫으면 그냥 안 보면 그만 아니냐는 말도 무색합니다. 왜냐하면 일상적으로 드나드는 SNS가 관련 이미지와 숏폼들로 도배되어 있기 때문이죠. 심지어 제가 팔로우하는 계정도 아닙니다. 그냥 빅테크가 제 의지와 상관없이 띄우는 장사 계정들입니다. 이제 SNS는 자유로운 소통의 장이 아니에요. 빅테크가 알고리듬으로 전시하고 싶은 정보를 멋대로 띄우는 공간이 되어 버렸습니다. 저는 '엑스(옛 트위터)'에 들어갈 때마다 깜짝깜짝 놀랍니다. 늘 일론 머스크(Elon Musk)의 트윗이 가장 먼저 뜨거든요. '추천'이라는 미명 아래 말입니다.

이런 미디어 환경 속에서 2024년에도 내내, 웃어넘기기 어려운 일들이 벌어졌습니다. 사이버 레커들이 정의를 구현한답시고 밀양 성폭력 피해자의 동의 없이 가해자 신상을 폭로하며 피해자를 고통스럽게 했고, 대한민국 국민이 가장 사랑하는 유튜버로 꼽혔던 쯔양에 대한 성폭력과 공갈·수익 갈취 사건이 폭로됐습니다. 그리고 곧이어 텔레그램을 거점으로 한 딥페이크 성범죄물 대량 제작, 유포 사건이 밝혀지죠. 폭력이 돈이 되는 시장이 점점 커지는 가운데 일련의 사건에서 가해자 남성의 나이는 점점 어려지는 추세입니다.

도대체 무슨 일이 벌어지고 있는 걸까요? 이 염려스러운 현상을 다각도로 살펴보고 진단해야 합니다. 한 사회가 두려워해야 마땅한 일의 원인과 해결이 단순할 리 없죠. 페미니스트 문화비평가인 저는 언론과 정치권이 이 사건들을 어떻게 다루는지에 주목했습니다. 특히 딥페이크에 관해서는 많은 이야기가 쏟아져 나왔기 때문에 자세히 들여다볼 필요가 있다고 생각했거든요.

그런데 언론이 "뭣 모르는 순진한 소년들이 저지른 비행"으로 이 사건들을 소개하는 경우가 많았습니다. 예컨대 "아이들의 디지털 놀이터"라는 말이 제 눈길을 사로잡았어요. 한 시사 프로의 진행자가 딥페이크 성범죄를 언급하면서 쓴 표현입니다. 아이들의 놀이터에 딥페이크라는 새로운 장난감이 주어지면서 인식하지 못하는 사이 범죄까지 저지르게 되었다는 논평입니다. 이 말은 반은 맞았고 반은 틀렸죠. 여자의 얼굴, 신체, 이름을 재료 삼아 '가짜'를 만들어 짓밟고 낄낄거리는 행태는 전혀 새롭지 않습니다. 그런 탓에 언론에서 딥페이크 범죄에 '놀이'란 말을 붙일 때마다 신경이 쓰였어요. 물론 소년들 사이에서 이건 '놀이'지만, 이 말이 반사적으로 만들어 내는 '순진함'이라는 이미지가 문제라고 생각해요. "이것이 범죄인 줄 모르는 10대, 20대 남성"이라는 게으른 설명으로 이어지기 때문입니다. 이런 인식과 태도는 딥페이크 성범죄를 키운 문화적 뿌리를 지우고 새로운 테크놀로지만 탓하게 만들거든요.

　물론 딥페이크 기술이 범죄로 이어지는 경로는 제대로 제재해야 합니다. 하지만 이것만으로는 충분치 않죠. 이 신기술을 갖고 논 '아이들' 대부분은 딥페이크 생산과 유통이 불법임을 알고, 그게 아니라도 피해자의 존엄을 짓밟고 모욕하는 행위임은 이해하고 있습니다. 바로 그것이 '디지털 놀이터'에서 지금까지 오래도록 진행된 '여자를 괴롭히는 놀이'의 핵심이니까요.

　애초에 딥페이크의 이름은 '지인 능욕 사진 합성'이었습니다. 딥페이크 성폭력은 방대한 여성 혐오 시장의 네트워크에서 탄생하고, 그 안에서 수익 구조를 만들면서 산업화했습니다. 이 네트워크는 '악플 문화—여성에 대한 능욕·멸시·괴롭힘이 자원과 돈이 되는 시장—사이버 레커—여성을 착취하는 포르노그래피

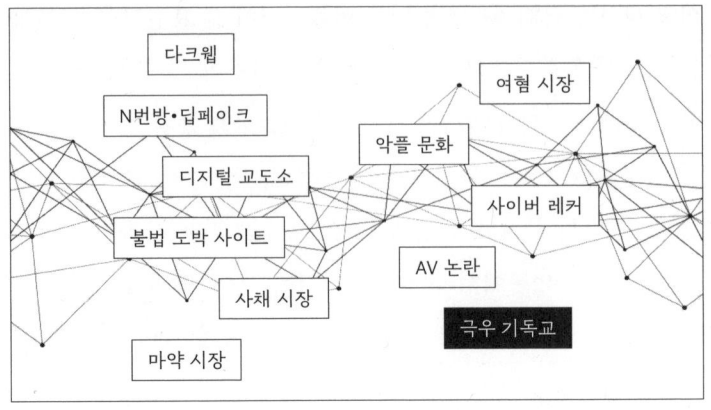

여성 혐오 시장의 방대한 네트워크는 남성들을 유입시키는 불법 도박 사이트와 사채 시장과도 연결된다.

산업-N번방·딥페이크-디지털 교도소-불법 도박 사이트-사채 시장-마약 시장'으로 이루어져 있습니다. 그리고 개혁신당 이준석처럼 남초 커뮤니티에서 정치적 의제를 발굴하거나 남초의 이야기를 정치의 장으로 옮기는 등 남초 커뮤니티와 연동하는 일부 정치인들이 "구조적인 성차별은 없다"는 말로 이 네트워크의 성장을 방조했죠.

여기서 성격이 조금 달라 보이는 것, 하지만 한국 사회가 좀 더 주목해야 하는 것이 디지털 교도소입니다. 2020년 3월 N번방 사태와 7월 '웰컴투비디오' 손정우 미국 송환 불발에 대한 분노를 먹고 빠르게 성장한 디지털 교도소는 SNS에서 N번방 피의자 신상을 공개하면서 주목을 끌기 시작했습니다. 그 뒤 별도 사이트를 운영하며 성범죄자나 아동 학대범 등의 신상을 공개해 논란의 중심에

섰습니다. 그리고 이 '불법적'인 활동이 한동안 '초법적'인 것으로 받아들여졌어요. 디지털 교도소의 무고한 피해자가 자살하는 사태가 벌어졌는데도 사람들이 쉽게 비판하지 못했고요. 자신의 사촌동생도 N번방의 피해자라며 "대한민국의 악성 범죄자에 대한 관대한 처벌에 한계를 느끼고, 이들의 신상 정보를 직접 공개하여 사회적인 심판을 받게 하려 한다"고 밝힌 디지털 교도소 운영자의 말을 어떻게 판단해야 할지 혼란스러웠기 때문입니다.

그런데 정의의 사도인 양 영웅 놀이를 하던 그가 온라인 마약 판매상이자 N번방 운영자였다는 사실이 밝혀집니다. 디지털 교도소는 N번방의 남성판으로, '지인 능욕물'을 만들어 주겠다는 광고로 남성들을 유인한 뒤 신상을 공개하겠다고 협박하면서 이들을 마음대로 부렸습니다. 여기에 불법 도박 사이트와 사채업도 연루되어 있었지요. 보시다시피, 2020년에 벌어진 사건에서 이미 '지인 능욕', 즉 딥페이크가 등장해요. 여성에 대한 착취와 폭력을 '놀이'로 이해해 준 사회가 남성에게도 지옥문을 열어 놓은 셈입니다.

2016년에 폐쇄된 소라넷 사례로 확인한 것처럼 여성의 포르노그래피 이미지는 남성들이 한 사이트에 오랫동안 머물게 하는 장치이자, 이들을 불법 도박 사이트와 사채 시장으로 유입시키는 경로였어요. 그리고 이젠 불법 도박으로 사채에 발목 잡힌 청년들이 돈을 벌기 위해 다시 딥페이크 산업으로 유입되고 있죠. 제가 앞에서 말한 '디지털 고어 자본주의'란 정확하게 이런 현실을 묘사하는 말입니다.

'디지털 고어 자본주의'는 멕시코 출신의 접경인문학자 사야크 발렌시아(Sayak Valencia)의 『고어 자본주의(Gore Capitalism)』에서 아이디어를 얻어 만든 개념이에요. 발렌시아는 국가가 주로 마약 카르텔 중심의 조직범죄로 운영되는 멕시코에서, 사람들이 "자본을 획득하기 위한 도구로 폭력을 사용하기로 결심"하고, 그 결과 폭력과 살인이 상품이 되는 현실을 비판하기 위해 이 개념을 고안했습니다. '고어'란 극단적이고 잔혹한 폭력을 특징으로 하는 공포영화의 하위 장르를 의미하죠. 한국의 사이버스페이스에서 돈을 벌기 위해 타인을 기꺼이 짓밟는 일이 벌어지고 있으니, '디지털 고어 자본주의'라는 말이 결코 과장은 아닐 것입니다.

물론 여성들이 그저 피해자로만 머물지는 않았어요. 2019년 텔레그램 성 착취, 즉 N번방 사건의 실태를 처음 고발한 탐사 보도 팀 '추적단 불꽃'이 언론과 사회의 주목을 이끌어 냈으며 이 사건이 수면 위로 드러난 뒤 청년 여성과 여성단체는 가해자 신상 공개, 강력한 처벌, 관련 법 제정을 촉구하는 활동을 이어 갔습니다. 이들은 기자회견과 시위, 국회 청원 등을 통해 디지털 성범죄의 구조적 문제를 고발했고, 그 결과 'N번방 방지법'을 비롯해 디지털 성범죄를 규제하는 법안들이 제정되는 데 기여했죠.

한국 디지털 페미니즘에서는 이런 '네트워크'로서의 힘, 파워(power)의 형성이 중요합니다. 여기서 말하는 파워는 단순히 권력이 아니라, 존 레논이 '민중에게 힘을(Power to the People)'이라고 노래했던 그 파워예요. 이는 억압적인 시스템에 저항하고, 사회 정의를 꿈꾸며, 진정한 민주사회를 건설하기 위해 움직이면서 기존의 '권력 구조'를 변화시키려는 뜨거운 의지를 의미하기도 합니다.

개인의 목소리, 이를 의제화하는 여성단체의 활동, 정책과 제도로 연결하는 전문가와 정치인 들의 네트워크가 구체화하는 민중의 힘이 있어요. 딥페이크 성범죄 대응에서도 네트워크 파워가 중요한 구실을 합니다. 이런 적극적인 대응이 온라인 해시태그 운동을 넘어 사회적 제도와 담론의 변화를 이끌어 가고 있어요.

페미니스트의 미래 또는 페미니즘의 미래?

그러나 페미니스트로서 대면하는 어려움이 있습니다. 여자이기 때문에 죽고, 여자이기 때문에 착취당하는 현실 속에서 '여자'로 규정되는 이유인 신체가 아주 중요한 싸움의 거점이자 근거가 되어 버린다는 점입니다. 어떻게 하면 신체를 본질화하지 않을 것인가가 우리에게 남은 과제라고 생각해요. 왜냐하면 여성의 사람됨을 여성의 외부 성기 모양으로 축소하고, 여성을 그 자리에 묶어 두는 것이야말로 가부장제가 여성에게 채우는 족쇄이기 때문입니다.

페미니즘은 오랫동안 외부 성기가 사람됨을 결정하지 않는다고 주장해 왔습니다. 이것이 시몬 드 보부아르가 『제2의 성』에서 쓴 "여자로 태어나는 것이 아니다, 여자로 만들어지는 것이다"에 담긴 뜻이기도 하죠. 가부장제와 싸우기 위해 가부장제가 부여한 정체성을 강화한다면 모순일 겁니다. 여성학자 조주현은 『여성 정체성의 정치학』에서 이렇게 묻습니다.

"여성을 세력화하려는 정체성의 정치학과 가부장제가 규정한 여성 정체성 간의 거리가 유지되고 있는가?"

앞에서도 이야기했듯 정체성 정치를 위해 정체화하는 과정은 너무 중요하지만, 그것이 오히려 낡은 세계관이 원하는 정체성에 우리를 가둘 수도 있다는 딜레마가 언제나 존재합니다. 게다가 신체를 본질화하는 것이 인종주의나 시스젠더(태어날 때 지정된 성별과 성 정체성이 일치하는 사람) 중심 세계관과 만나면 극우의 수사와 분리되지 않습니다. 그래서 신체를 본질화하지 않는 운동을 꿈꿔야 해요.

신체를 본질화하지 않는다는 건 어떤 뜻일까요? 외국인은 떡볶이를 먹지 말라고 하는 광장의 목소리와 더불어 페미니스트들에게서 나오는 강한 목소리 중 하나가 바로 트랜스젠더는 진짜 여자가 아니고 진짜 여자들의 안전을 해치는 위험한 존재라는 겁니다. 이렇게 상당히 적극적으로 성소수자를 배제하려는 목소리가 페미니즘의 한편에 있어요. 이 세상에 두 가지 성이 있다는 생각이 오랫동안 상식이었습니다. 그래서 두 가지 성별에 딱 맞아떨어지지 않는 존재는 '진짜가 아니'라거나 '이상하다'고 해 버립니다. 신체를 남성 또는 여성의 변하지 않는 본질적인 속성으로 고정하려는 태도가 바로 '본질화'입니다.

이제 우리는 성별이 깔끔하게 두 개로 나뉘지 않는다는 걸 압니다. 사실 성별은 폭넓은 스펙트럼으로 존재하죠. 2025년 초

개봉한 영화 〈콘클라베(Conclave)〉에 음경과 자궁을 동시에 가진 간성 교황이 등장해 "나는 하나님이 만들어 주신 그 모습 그대로"라고 말합니다. 자연에 성은 스펙트럼으로 존재하지만, 이를 부정하고 오로지 두 개의 성만 존재한다고 믿어 버리는 고집 안에서 트랜스젠더는 이상하거나 위험한 존재가 되고 맙니다. 신체를 본질화하는 태도가 실존하는 생명을 적극적으로 배제하는 행위로 이어지는 고리가 이렇게 만들어지죠.

남성 중심적이고 가부장제적인 사회는, 두 가지 성이 있다는 환상을 만들어 놓고 다른 성들을 비정상적인 것으로 배제한 다음, 그 두 성 중에서도 음경이 있는 쪽이 더 우월하다고 했습니다. 이 미망을 깨는 것이 페미니스트가 지향하는 바라고 말하고 싶어요. '두 가지 정상적인 성'으로 한정하는 언어로는 인간의 다양성을 이해할 수도, 포착할 수도 없다는 것이 중요합니다.

제가 SNS를 통해 알게 된, 남태령에서 일어난 일을 들려드리며 이야기를 마무리하겠습니다. 어떤 어르신이 성별 이분법의 경계에서 벗어난 '논바이너리(non-binary)' 깃발 아래 있던 분들에게 "딸들 파이팅!" 하고 외쳤다네요. 그러자 깃발을 든 사람이 "용기를 내서 '저희는 딸들이 아니라 논바이너리예요!' 하고" 깃발을 들었다고 합니다. 그랬더니 어르신이 "알아 두겠다!" 했다는 거죠. (출처는 '야나' 님 엑스 계정 @_paper_bird_입니다.) 저는 이 아름다운 이야기 앞에 아주 오랫동안 미물렀습니다. 그야말로 '좋아요' 너머의 페미니즘이 펼쳐지는 순간이 아니었을까요?

'억압받는 나는 누구인가'에 기대는 정체성 정치는 목소리를 박탈당한 자들에게 유용한 싸움의 도구죠. 그러나 역사와 문화에 앞서 존재하는 본질적인 여성됨을 상정하면 페미니즘 정치의 가능성을 제한하는 것 같아요. 그런 여성됨에 대한 주장은 지금과 같은 미디어 환경에서 배제와 소외, 차별의 정치로 너무 쉽게 포섭되어 버리죠.

정체성 정치의 힘은 정체성을 본질로 만드는 사회의 관습 자체에 의문을 제기하면서 그 경계를 열어 다른 정체성과 적극적으로 연결될 때 더 넓어지고 강해지는 것 같습니다. 그리고 그렇게 하려면 '내가 모른다'는 사실을 받아들이고 '기꺼이 알기 위해 노력하겠다'는 태도와 '모르는 이'를 폄하하거나 무시하지 않고 '나에 대해 기꺼이 말하겠다'는 태도, 둘 다 필요하다고 생각합니다. 함께 그런 세상으로 이동해 보지 않으시겠어요?

Q & A

Q 페미니즘의 미래는 디지털 시대와 떼려야 뗄 수 없을 텐데요, 연구자로서 이 시대에 가장 시급한 과제가 뭐라고 생각하십니까?

A 일론 머스크 같은 사람 또는 실제로 플랫폼 자본주의나 디지털 공간의 노동이 뭔지 이해하지 못하는 화이트칼라, 양복 입은 사람들이 생각하는 디지털은 유토피아 공간입니다. 모든 것이 비물질화되고 깨끗하고 상큼한, 예컨대 쓰레기가 생산되지 않은 공간처럼 상상하죠. 그렇게 상상하도록 청정한 이미지를 만들어 홍보하기도 합니다.

하지만 디지털 공간은 엄청나게 많은, 영원토록 분해되지 않을 쓰레기를 만들어 내고 지구의 온도를 높입니다. 그 공간을 굴리기 위해서 정확하게 신체를 가진 사람들의 노동을 착취하고, 그와 더불어 신체를 가진 사람들의 도파민을 채굴하면서 자원을 늘리고 있어요. 알고리듬이란 세계적인 빅테크 기업이 유저를 계속 온라인에 머물게 하려고 디자인한 중독 시스템이기도 하죠. 무엇보다 우리는 '별점 뒤에 사람 있다'는 말을 기억해야 할 것 같아요. 배달의민족이라든지 숨고라든지, 상품이 거래되는 디지털 플랫폼은 정확하게 신체를 가진 인간 노동자들의 노동력 덕분에 굴러가니까요.

그래서 페미니즘은 우리 시대에 팽배한 '디지털은 비물질적'이라는 미망에 도전해야 한다고 생각해요. 저는 이런 문제를 다루는 페미니즘을 '급진적 디지털 페미니즘'이라고 부릅니다. '좋아요' 너머의 문제를 다루는 페미니즘이죠.

―――

Q 페미니즘을 태도로 삼아 산다는 것은 (알게 된 것을 외면할 수 없어서) 괴로운 만큼이나 즐거운 점이 분명 있다고 생각합니다. 페미니스트로 사는 기쁨에 대한 이야기를 좀 더 듣고 싶습니다.

A 페미니스트로서 안고 살아가게 되는 괴로움이 사실은 페미니스트로서 자긍심이자 재미이기도 합니다. 이런 농담이 있었어요. 페미니스트는 알아야 할 것, 감수해야 할 것, 실천해야 할 것이 너무 많은데 안티 페미니스트는 그냥 '페미니스트를 싫어하기'만 하면 된다는 거죠. 그래서 어떤 페미니스트들은 "그렇게 많은 짐을 지지 말고, 우리도 여자만 챙기면서 편하게 살자"고 말하기도 했습니다. 하지만 저에게는 제가 짊어져야 할 '정당한 짐'의 목록을 하나하나 쌓아 가는 것이 자긍심입니다. 그리고 그 짐을 기꺼이 함께 지고, 때로는 '당신이 틀렸다'고 지적하는 수고를 피하지 않는 동료들이 있다는 사실이 삶의 재미이자 위로입니다. (즐거움인가 하면, 솔직히 동료가 늘 즐거움을 주는 존재는 아니죠. 그렇지 않나요?) 그런 재미에 함께해 보자고 초대하고 싶습니다.

6장 인류 최고의 과학기술은 아직 오지 않았다

임소연

> 첨단 과학기술에 대한 낙관과 비관이 공존하는 시대입니다. 저는 과학기술에 대해서만큼은 늘 낙관과 비관, 열광과 냉담, 옹호와 거부 사이 어딘가쯤에 서 있으려고 애씁니다. 과학기술의 미래를 결정된 것으로 보지 않기 위해서입니다. 결정되지 않은 것은 변화할 수 있습니다. 바로 여기서부터 저의 일이 시작됩니다.
>
> 저는 과학기술의 현장을 좋아합니다. 과학기술의 현장에 연루되고 그 연루된 현장에서 목격한 바를 쓰는 것이 제 일입니다. 과학기술의 현장이란, 과학기술을 만들고 활용하는 실천이 있는 모든 곳이며 이런 실천을 하는 모든 이와 존재를 포함합니다. 그곳에 가면 살아 있는, 변화 가능성이 있는 과학기술을 만납니다.
>
> 그동안 저는 젊은 인공지능 업계 종사자와 다양한 과학 분야의 실험실 안팎에서 일하는 여성들을 만나며 더 안전하고 정의로운 기술, 여성의 몸을 더 잘 이해하고 사회와 더 연결된 과학의 미래가 결코 불가능하지 않음을 알게 됐습니다. 이들의 존재는 저에게 인류 최고의 과학기술이 아직 오지 않았을 뿐 결국 올 것이라는 믿음을 주었습니다. 이 확신을 품고 저는 오늘도 그리고 내일도 과학기술의 현장을 기웃거릴 것입니다.

임소연,
오늘과는 다른 과학기술을 위해 그 곁에서 동행하는 연구자

과학기술학자. 한국 과학기술학계의 차세대 기수로서
할 일을 찾고 협력하는 데 열정이 있으며, 이 세계에서
여성에게 더 좋은 자리가 마련될 때 과학과 기술이
지금보다 더 나아질 거라고 믿는다. 힐링 중심 과학기술학
연구자 모임 '해러웨이랩' 동료들과 함께 쓴 『겸손한 목격자들:
철새·경락·자폐증·성형의 현장에 연루되다』에 차세대
과학기술학자의 성취와 전망을 담았다.

과학을 좋아하시나요?

본론으로 들어가기에 앞서 이 책을 펼친 독자 여러분은 과학에 대해서 어떻게 생각하는지 궁금해요. 혹시 과학을 아주 좋아하시나요? 정반대일 수도 있겠고요. 호불호와 무관하게 평소 과학에 관심을 더 가져야 할 필요를 느끼는 축에 속할지도 모르겠습니다.

과학을 좋아하는 분이라도 좋아하는 정도가 다 다르고, 정말 열정적으로 좋아하는 분도 어렵지 않게 볼 수 있습니다. 과학책을 자주 읽고, 최신 과학 기사도 찾아보면서 관심을 꾸준히 이어 가는 분들이 있습니다. 그런데 또 많은 분들에게 과학은 여전히 너무 전문적이고 어렵게만 느껴지는 분야입니다. 재미있어 보이긴 하는데 나와는 좀 거리가 있는 분야라고 생각하는 경우도 있을 테고, 어렵기만 할 뿐 도무지 재미있다는 생각이 들지 않는 경우도 있겠지요.

테스트를 한번 해 봐도 될까요? 지금부터 제가 열 가지 과학 연구를 하나하나 소개하겠습니다.

첫 번째 연구는 고대 인류 유전자 분석 기술의 비약적인 발전에 관한 것입니다. 과거에는 고대 유골의 유전정보를 대략적으로 파악하는 정도였다면, 이제는 5촌 또는 6촌 관계까지 추정할 수 있는 수준으로 분석 정밀도가 높아졌습니다. 실제로 5000년 전 유럽에서 1500킬로미터 떨어진 두 유골이 5촌 관계였다는 연구도 나왔습니다. 유전정보에 고고학적 데이터를 결합하면 과거 사회의 가족 구조, 이동, 생활양식까지 밝혀낼 수 있습니다.

두 번째는, 스페이스X의 재사용 로켓 '스타십'의 시험비행 성공입니다. 2024년 10월에 진행된 다섯 번째 시험에서는 부스터가 성공적으로 회수돼 완전 재사용 로켓 시대의 가능성을 열었습니다. 전보다 훨씬 더 자주, 더 저렴하게 우주에 나갈 길이 열렸죠. 과학자들에게 이건 실험의 기회가 늘어나는 일입니다. 우주가 이제 먼 곳이 아닐 수도 있습니다.

중고등학교 때 배운 판구조론을 기억하나요? 세 번째는, 지구 내부의 구조에 대한 해석을 바꾸는 판구조론 연구입니다. 여태까지 판의 이동을 국지적인 현상이라고 여겼는데요, 2024년에 발표된 한 연구에서 이 움직임이 대륙 전체를 뒤흔드는 광범한 파동을 만든다는 주장이 나왔습니다. 지각과 맨틀의 상호작용이 훨씬 더 복잡하고 역동적이라는 뜻입니다. 이로써 지구의 구조와 진화에 대한 통합적 해석이 다시 필요해집니다.

네 번째는, 다세포 진핵생물의 등장 시기를 10억 년 정도 앞당긴 연구입니다. 그동안 다세포 생물은 5억~6억 년 전쯤 출현했다고 알려져 있었는데, 올해 중국에서 발견된 화석과 세계 곳곳의 연구를 통해 무려 16억 년 전에도 다세포 생물이 존재했을 가능성이 제기되었습니다. 이 발견은 생각보다 훨씬 일찍 복잡한 생명으로 진화가 시작되었을 수 있다는 새로운 패러다임을 제시합니다.

다섯 번째는, 자성체(磁性體)의 분류 체계를 다시 쓰게 한 새로운 발견입니다. 우리가 흔히 듣는 단어는 아니지만 자성체는 강자성체, 반강자성체, 반자성체 등으로 분류합니다. 그런데 2024년에 과학자들이 실험을 통해 기존 분류에 속하지 않는 교자성체(알터마그넷)의 존재를 확인했습니다. 이 물질은 전자의 이동이 자유로우면서도 외부 자기장 없이 자성을 유지할 수 있어서, 고밀도 기억장치나 스핀트로닉스(전자의 스핀을 이용하는 공학 기술)에 응용할 가능성이 큽니다. 물리학계는 거의 새로운 차원의 물질로 보고 있습니다.

여섯 번째는, 질소 고정 기능이 있는 진핵생물이 처음으로 발견된 일입니다. 그동안 질소 고정은 원핵생물만 할 수 있는 기능으로 알려졌습니다. 그런데 해양 조류에서 핵과 염색체를 가진 세포가 질소를 고정한다는 사실이 밝혀졌습니다. 이 발견은 생명 진화에 대한 이해를 넓혔을 뿐 아니라, 자체적으로 질소를 생산할 수 있는 작물 개발이라는 미래의 가능성도 열었습니다.

일곱 번째는, RNA 간섭 기술을 활용한 새로운 유형의 살충제입니다. 미국의 생명과학 기업이 개발한 이 살충제는 특정 해충의 RNA를 방해해 단백질 생성 자체를 막습니다. 결국 해충은 성장하지 못하고 사라지죠. 효과가 빠르고, 특정 해충만을 표적으로 삼을 수 있어서 생태계에 주는 영향도 적습니다. 다만 반복 사용 시 RNA에 내성이 생길 수 있다는 점에서 사용상 책임이 함께 필요합니다.

여덟 번째는, 초기 우주의 모습을 관찰한 제임스웹 우주망원경의 성과입니다. 이 망원경은 발사 후 겨우 몇 달 만에 예상보다 1000배 많은 초기 은하를 포착해 기존 우주 진화 이론에 의문을 제기하게 만들었습니다. 초기 우주에 이렇게 큰 은하가 존재할 줄은 아무도 몰랐죠. 지금 우리는 우주의 시작을 다시 상상해야 하는지도 모릅니다.

두 개 더 남았습니다.(웃음) 아홉 번째는, 암 치료로 알려진 CAR-T 기술이 자가면역질환 치료에 적용된 사례입니다. 면역세포인 T세포를 유전적으로 조작해서 우리 몸의 과잉 면역반응을 조절하는 방식인데요. 올해 독일에서 진행된 임상시험에서는 루푸스 환자 여덟 명이 모두 완치 판정을 받았고, 다른 환자들도 증상이 크게 완화되었습니다. 면역 억제제를 쓰지 않아도 될 정도였죠. 기존 치료법보다 부작용을 줄이면서 효과는 높인 기술로 주목받고 있습니다.

마지막입니다! HIV(후천성 면역결핍증후군, 에이즈를 일으키는 바이러스) 감염을 막기 위한 기술의 놀라운 발전입니다. 해마다 100만 명 넘게 HIV에 감염되지만 아직 완치약이 없는 상황에서 미국 제약사 길리어드가 '레나카파비르'라는 6개월 지속형 예방 주사를 개발했습니다. 아프리카 여성 5000명을 대상으로 한 임상시험에서 감염률이 0퍼센트로 나타났고, 연 2회 접종만으로도 충분한 예방 효과를 보였습니다. 기존 약보다 부담이 적고 효과는 높아서 감염병 예방의 판도를 바꿀 기술로 주목받습니다.

"과학을 좋아하시나요?"라는 첫 질문에 독자 여러분의 대답은 무엇이었나요? 예, 아니요 중 하나로 대답할 수 없던 독자라면 이렇게 구체적인 열 가지 예시를 알고 난 뒤 예와 아니요 중 어느 쪽으로 마음이 기울었는지 궁금합니다. 방금 말씀드린 열 가지 최신 과학 연구는 제 마음대로 고른 게 아닙니다. 세계적인 과학 저널 『사이언스(Science)』가 2024년에 선정한 10대 과학 뉴스입니다. 그러니까 여러분은 이제 2024년의 주요 과학 뉴스를 모두 알았습니다.(웃음) 그럼 이 가운데 『사이언스』가 뽑은 1위는 뭘까요? 1위는 바로 HIV 예방주사였습니다.

『사이언스』 선정 2024년 10대 과학 뉴스로 시작한 것은, 과학 이야기라고 할 때 많은 분들이 이걸 기대하지 않을까 싶어서입니다. 그런데 제가 오늘 여러분에게 할 과학 이야기는 지금 말씀드린 2024년 최고의 과학, 그러니까 무엇이 새롭게 발견되었다거나 첨단 기술이 개발되었다거나 하는 이야기가 아닙니다. 이상하게 들리겠지만, 이 글이 이런 과학 이야기가 아니라는 것부터 알려드리고 싶습니다.

제가 과학자가 아니라 '과학기술학자'라는 사실에 주목해 주시기 바랍니다. 그리고 제목도요. "인류 최고의 과학기술은 아직 오지 않았다."『사이언스』가 선정한 2024년 10대 과학 뉴스보다 더 중요한 과학 이야기입니다. 아니, 지금 디지털 기술이, 현대 의학이, 우주과학이 이만큼 발전했는데 인류 최고의 과학기술이 아직 오지 않았다니 무슨 말이지? 이렇게 의아해하실 것 같습니다. 지금부터 그 의아함을 풀 수 있는 이야기를 해 보려고 합니다. 그러려면 먼저 제가 하는 일, 과학기술학에 대해 설명해야 할 것 같아요.

과학의 관광지에서 과학의 일상으로

제가 풀어 낼 과학 이야기는 제가 과학자가 아니라 과학기술학자라는 사실과 아주 큰 관련이 있습니다. 제 일은 과학기술학 연구입니다. 이 책의 바탕인 릴레이 강연의 제목이 '우리 일의 미래'라서 이번 기회에 제 일을 제대로 소개해야겠다고 생각했습니다. 주로는 현재 제가 하는 일을 통해 과학기술학이 어떤 학문인지를 구체적으로 설명할 테지만, 그 연장선에서 제 일의 미래 모습도 보여드리려고 합니다. 과학 연구가 아니라 '과학에 대한 연구'를 하는 제 일을 설명하기 위해 '이게 과학인가' 싶은 내용을 앞세운다는 점 미리 말씀드립니다.

어떻게 내 일을 설명하면 좋을까, 고민을 많이 했습니다. 물론 과학기술학이란 무엇인가를 설명하는 교과서적 정의가 있습니다. 이를테면 과학기술에 대한 인문·사회학적 연구입니다. 풀어서 말하자면 과학의 철학, 과학의 역사, 과학의 사회학, 과학의 인류학, 과학의 정치학 등을 포함하는 학문이라고 할 수 있습니다. 과학 뒤에 웬만한 학문 분과를 다 붙일 수 있죠. 다양한 분과와 과학의 접점에서 새로운 질문을 찾아내는 학문이기 때문입니다. 그래도 다른 학문 분과의 이름을 거론하지 않고 설명할 방법은 없는지 거듭 고민했어요. 사실 이 책의 기획에 참여하기로 결정하기 전에는 특별히 고민하지 않았습니다. 제 '일'을 소개하라는 주문이 저를 이런 고민으로 이끌었습니다.

다음 두 사진 속 장소가 어디인지 알아보시겠어요? 하나는 해운대, 다른 하나는 광안대교가 보이는 광안리입니다. 갑자기 부산 사진으로 이야기를 시작하는 이유는 차차 드러날 테니 조금만 기다려 주세요.(웃음)

부산은 지금 제가 일하는 곳입니다. 전 부산 출신도 아니고 부산에 연고도 없습니다. 3년 전 부산에 내려가면서 부산 시민이 됐습니다. 그 전에는 경기도민이었고요. 그래서 제가 품고 있던 부산 이미지, 부산 하면 떠오르던 이미지는 해운대와 광안리였어요. 부산을 대표하는 관광지죠. 3년 전 부산에 가서 처음 찾아간 곳도 이 두 곳이었어요. 제가 일하는 대학에서 멀어 자주 갈 수 없는 이 두 곳에 갈 일이 생기면 지금도 신이 납니다. 멋진 호텔이 늘어선 해운대 산책로를 걷거나 광안대교의 야경을 바라보며 맛있는 음식을 먹다 보면 비로소 '아, 내가 부산에 있구나' 실감합니다.

제가 처음에 과학을 좋아하는지 물었을 때 무엇을 떠올렸나

부산 해운대(위)와 광안대교(아래).

요? 나 과학 좀 좋아한다, 하면 과학의 뭘 좋아하는 걸까요? 나 과학 좀 안다, 하면 어떤 과학을 알아야 할까요? 양자역학, 상대성 이론, 진화론 정도는 알아야 할 것 같지 않나요? 책으로는 칼 세이건(Carl Sagan)의 『코스모스(Cosmos)』, 스티븐 호킹(Stephen W. Hawking)의 『시간의 역사(A Brief History of Time)』, 리처드 도킨스(Richard Dawkins)의 『이기적 유전자(The Selfish Gene)』쯤은 읽어야 할 것 같지 않나요?

해운대와 광안리를 동경하고 좋아하다가 부산에 살게 되면서 책이든 영상이든 어떤 유형의 과학 콘텐츠든 지금까지 우리가 과학에 관해 이야기하는 내용과 방식이 과학의 유명 관광지 소개 같지 않나 생각하게 되었습니다. 관광객에게 너무나 매력적인 것들이 가득한 부산의 동쪽, 그리고 부산에 사는 시민으로서 특히나 주요 관광지가 분포하지 않은 서쪽에서 일하고 지내며 느끼는 부산이 다르다는 걸 알았거든요.

제가 일하고 사는 곳이 낙동강 하류 근처인데요, 녹조로 뒤덮인 낙동강이 최근 큰 문제가 되고 있습니다. 이 지역 쌀에서 발암물질이 검출되었다는 보도가 나오는 심각한 상황이고, 여러 기피 시설이 이쪽에 있기도 합니다. 잘 알려진 신도시 한 곳도 가까이 있고요. 다시 말해, 저는 부산의 상징과도 같은 해운대를 동경하면서 경기도의 여느 도시와 다를 바 없어 보이는 부산 서부에 삽니다. 부산의 문제점을 지적하려는 게 아니니 오해하지 말아 주세요. 제가 이야기하고자 하는 것은 화려한 관광지와 화려하지 않을 수도 있는 현실 사이의 대비입니다. 이 대비가 부산에도 있지만 과학에도 있지 않나 싶어요.

전국 여느 신도시와 크게 다를 것 없는 부산 신도시에 사는 이야기를 여러분이 궁금해할 것 같진 않아요. 이게 제 일의 어려움과 닮았습니다. 과학책을 쓴다면 관광지처럼 눈길을 끄는 주제를 다뤄야 할 텐데 저 같은 과학기술학자는 주로 과학의 일상이라고 할 만한 이야기, 과학을 터전 삼아 살아가는 과학자에 대한 글을 씁니다. 과학자가 매일매일 하는 것에 대해서요. 사실 해운대나 광안리도 그곳에 사는 분에게는 일상입니다.

제가 하는 일은 관광지로서 부산보다는 누군가에게 삶의 터전인 부산을 보여 주는 일과 비슷합니다. 설령 제가 과학기술학자로서 관광 명소인 광안대교에 관해 이야기한다 하더라도 화려한 현재 모습보다는 대교가 어떻게 이런 모습으로 만들어졌는지에 관한 이야기에 가까울 것입니다. 과학으로 돌아와서 말하자면, 저는 과학의 일상을 보여 주는 연구를 하는 사람입니다.

우리가 흔히 접하는 과학에 관한 이야기와 과학기술학이 전하려는 이야기가 어떻게 다른지, 단순화의 위험을 무릅쓰고 한번 말해 보겠습니다. 대개 사람들은 과학을 뉴스나 교과서로 접할 거예요. 그런 과학은 지식이나 이론인 경우가 많고, 흔히 '최초 발견'이나 '최초 개발' 같은 수식어가 붙습니다. 또 그런 뉴스와 교과서에 등장하는 과학자는 유명하거나 곧 유명해질 과학자이고, 그런 천재 과학자의 업적과 성취는 앞에서 본 『사이언스』 선정 10대 과학 연구에 등장하겠죠. 2024년의 최신 과학이 있다면 2025년의 최신 과학도 있을 겁니다. 다시 과학을 관광지에 빗대어 보면, 상대성이론이나 진화론 등과 다르게 최근 발표되는 과학적 성취는 해마다 업데이트되는 맛집이나 '힙플레이스'쯤 되지 않을까 싶습니다.

저는 눈에 띄는 과학의 성취보다 늘 비슷비슷해 보이는 과학의 일상에 관심이 많습니다. 그래서 저 같은 과학기술학자들의 연구에는 유명한 과학자보다 덜 알려진 과학자가 자주 등장해요. 과학자가 매일 하는 일을 들여다보면 과학자만이 아니라 과학자가 매일 쓰는 물건, 첨단 장비일 수도 있고 수십 년째 쓰는 장비일 수도 있는 것이 보입니다. 어떤 과학자의 실험실에는 식물이나 동물과 광물 등 자연의 일부가 들어가 있고, 어떤 과학자는 자연이 있는 밖으로 나가서 연구를 합니다.

과학자의 일상을 보고 있으면 과학을 초월적인 진리로 보기 어려워집니다. 이렇게 과학을 매일매일의 과정을 통해 만들고 수정할 수 있는 것으로 보면, 어떤 과학은 지금 보이는 모습과 다를 수도 있겠다는 생각이 듭니다. 그러니까 저는 과학의 시비를 따지며 틀린 과학을 지적하는 사람이라기보다는 다른 과학의 가능성을 탐색하는 사람이라고 소개할 수 있겠습니다.

제가 하는 일을 이렇게 표현하면 어떨까요? 일반 대중이 알기 어려운 블랙박스 같은 과학기술의 뚜껑을 열고 그 안에서 무슨 일이 일어나는지 기록해서 보여 주기. 과학자뿐만 아니라 어떤 일을 직업으로 삼아 날마다 수행하는 사람의 일상을 들여다볼 수 있다면, 사람 사는 건 별로 다르지 않다고 느끼지 않을까 싶습니다. 아마도 이런 느낌은 과학 콘텐츠가 흔히 강조하는 경이로움이나 위대함 등과는 거리가 아주 멀겠지요. '와, 자연에 이런 원리가 숨어 있었다니!' 하면서 느끼는 놀라움이나 '와, 이런 이론을 떠올리다니 대단해!'라는 경탄에 담긴 놀라운 성취에 대한 동경 같은 게 우리 모두에게 더 익숙한, 과학 이야기가 자아내는 감각이나 감정 아닌가요? 그럼 과학자의 성공뿐만 아니라 실패 또는 당장은 성공인지 실패인지 알 수 없는 일들이 벌어지고, 과학자뿐만 아니라 거대한 기계장치부터 대단찮아 보이는 소소한 도구가 있으며, 교수나 박사뿐만 아니라 대학원생이나 기술 전문가, 행정 직원 등 과학의 경계를 넘나드는 다양한 존재가 있는 현장의 이야기를 들려준다면 우리는 무엇을 느낄까요? 제가 쓰려는 과학 이야기는 기존의 과학 담론에서 잘 다뤄지지 않았던 과학에 대한 정동(affect)까지 포함하는, 새로운 접근이기도 합니다.

과학을 옹호하는 만큼, 과학을 비판하는 만큼

제가 하는 일을 어느 정도 설명했기 때문에 지금부터는 제가 왜 저의 일을 '인류 최고의 과학기술을 만드는 것'이라고 말하려고 하는지, 어쩌다 제 일의 미래를 이렇게 원대하고 야심 차게 그리게 됐는지 밝히려고 합니다. 그 이야기를 하기 위해 제가 실제로 지금까지 해 온 연구를 소개하려고 해요.

과학의 블랙박스를 열고 그 안에서 일상적으로 일어나는 일을 기록하는 것이 제 일이라고 했습니다. 제가 처음 연 블랙박스는 성형외과입니다. 강남의 성형외과였어요. 저는 3년 가까이 병원 문을 열고 들어서면 가장 먼저 마주하는 안내 데스크에 앉아서 환자들을 안내했고, 상담실과 수술실을 오가며 수술 전 상담과 수술 장면을 수없이 관찰했어요.

데스크를 지나 바로 상담실로 들어가 볼게요. 수술을 결정하기 전 상담실에서 의사와 환자가 마주한 모습에서 저는 이 과정이 꽤 '과학적'이라는 점을 가장 인상적으로 보았습니다. 아마 여러분도 마찬가지일 텐데, 저는 성형외과를 연구하기 전까지 성형수술 상담이란 기본적으로 의사가 환자에게 수술하라고 설득하는 일이라고 생각했습니다. 성형외과 의사의 설득이 과학적일 것이라고는 결코 기대하지 않았어요. 사실 성형수술을 과학기술이라고 생각하는 사람들이 많지 않잖아요. 성형외과 상담이란 말이 설득이지 의사나 상담실장이 환자를 꼬이거나 현혹해서 반드시 하지 않아도 되는 수술을 받게 하는, 비이성적이고 비과학적인 행위라는 게 통념입니다. 그런데 실제로 성형외과 상담실에서 매일 일어나는 일을 보니 그렇지 않았습니다. 의사가 환자에게 하는 말뿐만 아니라 의사와 환자 사이에서 벌어지는 행위와 실천을 모두 함께 보면 말이죠. 성형수술 상담이 과학적이라는 제 말이 성형 옹호로 들릴 수 있다는 걸 압니다. 하지만 그렇게 단정 짓기 전에 제 얘기를 더 들어 주세요.

환자가 상담실에 들어오면 가장 먼저 환자의 얼굴 사진을 찍어요. 재미있는 점은, 얼굴 사진을 찍을 때 환자의 있는 모습 그대로 찍지 않습니다. 의사가 환자에게 얼굴 근육의 힘을 완전히 빼라고 지시한 뒤 전혀 표정이 없는 얼굴을 찍습니다. 머리카락도 그대로 두지 않아요. 공들인 헤어스타일이라고 해서 봐주지 않죠. 머리띠로 머리카락을 완전히 올려서 이마와 안면 윤곽이 훤히 드러난 상태로 정면과 측면 45도 각도의 얼굴 사진을 찍습니다. 이런 무방비 상태에서 웬만한 사람은 예뻐 보이기 힘들어요. 생각해 보세요. 그런 모습으로 학교나 회사에 가는 사람은 없잖아요. 대개 얼굴에는 표정이 있고 각자 취향에 따라 또는 얼굴의 단점을 보완하려고 머리 모양을 꾸미죠. 그런데 상담실에서는 그런 요소들을 다 제거하고 대단히 인위적인, 그 사람의 일상에서는 거의 볼 수 없는 얼굴을 2차원 평면에 재현합니다.

그런데 과학자가 실험실에서 하는 일도 크게 다르지 않습니다. 과학자가 실험실에서 연구할 때 자연을 그대로 옮겨 와서 연구하지는 않거든요. 물론 야외에 나가서 연구하는 야외 생물학자도 있지만 제가 관찰한 과학, 즉 성형외과 상담실 안의 실천은 실험실 안의 그것과 비슷해 보였습니다. 제가 성형외과 상담실에서 목격한 것은 실험과학의 한 장면이었습니다.

실험과학의 특성을 보여주는 유명한 그림이 있습니다. 바로 〈공기펌프 속 새 실험(An Experiment on a Bird in the Air Pump)〉입니다. 18세기 영국의 과학 문화를 보여 주는 그림으로, 17세기 영국의 화학자 로버트 보일(Robert Boyle)의 진공 실험을 재연하는 장면을 담았습니다. 중세 유럽인들은 종교의 영향으로 진공의 존재를 부정했다고 해요. 아무것도 없는 공간이라면 신도 없는 공간일 텐데, 그런 존재를 인정할 수는 없었겠죠. 그런 믿음이 여전히

조지프 라이트(Joseph Light), 〈공기펌프 속 새 실험〉, 1768. 갈릴레이가 망원경으로 매끈하지 않은 달 표면을 보이며 지동설이라는 새 우주론을 믿게 만들었듯, 근대과학의 핵심에는 시각에 의존하는 관찰과 실험이라는 방법론이 있다.

공고하던 때에 보일이 진공펌프라는 것을 만듭니다. 진공펌프는 자연에 존재하기 어려운 진공상태를 인위적으로 만들어 내는 장치예요. 저에게 강남 성형외과의 상담실이 근대과학 초기의 실험실처럼 보인 첫 번째 이유가 이와 관련됩니다. 상담실에서는 인위적인 얼굴 사진이, 보일의 실험실에서는 인위적인 진공상태가 창조됩니다.

보일의 실험은 여기서 끝나지 않았습니다. 진공펌프 유리구

속이 진공이라는 걸 보여 줘야 하니까요. 그래서 살아 있는 새를 유리구에 넣었어요. 진공상태인 유리구 안에서 죽은 새를 본 당시 유럽인들은 비로소 진공의 존재를 믿게 되었다고 합니다. 보는 것이 믿는 것이다! 보는 것, 보여 주는 것이 얼마나 강한 힘을 발휘하는지, 시각이 과학에서 얼마나 중요한 감각인지 보여 주는 장면입니다. 그림을 다시 봐 주세요. 죽어 가는 새를 지켜보는 사람들 가운데 불빛이 유독 두 소녀를 환히 비춥니다. 한 소녀는 고개를 돌리고 있고 더 어린 소녀는 안타까운 표정을 짓고 있죠. 화가는 이 두 소녀의 표정과 자세를 통해 진공의 존재를 '보이는 것'으로 보여 주려는 것 같습니다.

  성형외과 상담실에서 의사는 '디지털 카메라'를 써서 환자의 살아 있는 얼굴을 인위적으로 세팅한 2차원 이미지로 바꿉니다. 그리고 여러 미인의 사진을 거듭 보여 줍니다. 그렇게 미인의 사진을 여러 장 학습하고 나면 아름다운 얼굴의 패턴이 보여요. 그런 후 처음에 찍은 환자의 사진을 보여 줍니다. 어떻게 될까요? 〈공기펌프 속 새 실험〉에서 죽어 가는 새를 보고 안타까워하며 고개를 돌리는 소녀의 마음이 됩니다. 자기 얼굴의 어떤 부분이 미인의 얼굴 패턴에서 벗어나는지 눈에 보이니까요. 그 사진을 보는 내 눈이 수술의 필요성을 믿게 합니다. 이것이 성형외과 상담실이 근대 실험과학 현장처럼 보이는 두 번째 이유입니다. 기존 성형수술 연구자는 상담을 의사가 환자를 '현혹'하거나 '착각'하게 만드는 과정이라고 분석했지만, 저에게는 그렇게 보이지 않았어요. 그것은 시각의 힘입니다. 과학을 믿게 만드는 바로 그 힘이죠.

비판과 옹호를 넘어 인류 최고의 과학을 만드는 일

제가 관찰한 성형외과 상담실은 과학 실험실과 다를 바 없었습니다. 이 말이 과학에 대해 긍정적인 이미지가 있는 분에게는 성형을 옹호하는 말로, 과학에 비판적인 분에게는 성형을 비판하는 말로 들리지 않을까 싶어요.

이런 제 견해를 현장 중심 과학기술학 연구자 모임 '해러웨이랩' 동료들과 함께 쓴 『겸손한 목격자들』에 이렇게 표현해 봤습니다. "나는 성형수술을 옹호하지만 그 옹호는 과학기술을 옹호하는 만큼이고 성형수술을 비판하지만 그 비판은 과학기술을 비판하는 만큼이다."

또한 세간의 오해와 달리 성형외과에서 일한다고 해서 무조건 성형수술을 옹호하지는 않았습니다. 성형외과 의사들도 성형수술을 애정하면서 회의했고, 성형수술을 비난하는 세상을 탓하면서 어떤 성형수술에 대해서는 세상이 더 크게 질타해 주기를 바랐습니다.

블랙박스를 열기 전에는 비판과 옹호가 단순했는데, 블랙박스 열고 들여다보니 비판과 옹호의 이분법이 깔끔하게 작동하지 않았어요. 여기서 끝낼 수는 없었습니다. 비판과 옹호의 이분법을 넘는다는 말, 멋있어 보일 수는 있지만 사실 아무것도 안하겠다는 말처럼 들리기도 했습니다. 그래서 비판도 안 하고 옹호도 안 하면 그다음은 뭐지? 이런 생각이 들었어요. 어떤 과학기술에 대해서 비판도 옹호도 안 한다면 도대체 뭘 할 수 있을까요?

고민하던 중 제가 마주한 질문은 이 글과 제 일의 미래에서 핵심에 해당합니다. 에이미 그레이브스(Amy Graves)라는 미국의 페미니스트 여성 물리학자가 이렇게 물었습니다. "현재의 물리학이 인류가 만들 수 있는 최고의 물리학일까?" 손희정 선생님이 연구하시는 페미니즘으로 과학을 보면 어떨까요? 페미니즘은 대개 과학을 비판적으로 봅니다. 특히 생물학이나 의학의 경우, 성별 고정관념을 강화하는 생물학 지식이라든지 남성의 몸을 표준으로 하는 의학 연구 등이 많은 비판을 받았죠.

그런데 물리학은 어떨까요? 물리학을 그냥 넘길 수는 없어요. 과학 피라미드의 정점에 물리학이 있기 때문이죠. 그래서 물리학을 비판하지 않으면 사실 어떤 비판도 진짜 과학에 대한 비판이 되기 힘듭니다. 그래서 그레이브스도 고민했겠지요. 만유인력의 법칙이 성차별적인가? 알베르트 아인슈타인(Albert Einstein)이 여성이었다면 상대성이론이 달라졌을까? 답하기 어렵습니다. 증명이 어려워요. 그야말로 페미니즘 관점에서 물리학을 비판할 수도 옹호할 수도 없는 상황인데, 그럼 물리학을 그대로 두는 게 맞나? 그러다 "현재의 물리학이 인류가 만들 수 있는 최고의 물리학일까?"라고 질문하지 않았을까 싶습니다.

지금의 과학이 인류 최고의 과학인가? 정말 훌륭한 질문이라고 생각합니다. 질문을 이렇게 바꾸니 대답하기가 훨씬 쉽습니다. 지금의 과학이 인류 최고의 과학일 리가 없지 않나요? 무엇보다 이 질문의 최고 미덕은 '인류 최고의 과학'이 무엇인지 정해져 있지 않다는 거죠. 할 일이 생깁니다. 이 질문을 만나고부터 저는

2018년 에이미 그레이브스는 물리학계의 성 편향을 알리고 물리학 교육에 기여한 공로를 인정받아 미국물리학회가 해마다 학회 전체 회원의 0.5퍼센트에게만 주는 자격인 펠로우로 선정되었다. (출처: 스워스모어대학 홈페이지)

제 일을 인류 최고의 과학을 만드는 데 기여하는 것이라고 생각하게 됐습니다.

    인류 최고의 과학을 만들기 위해 제가 주로 하는 일은 더 나은 과학기술을 만들기 위해 노력하는 과학자를 세상에 보여 주는 것입니다. 제가 그런 취지로 한 일 중 하나는 좋은 인공지능, 윤리적인 인공지능을 만들고 싶어 하는 그래서 고민이 많은 젊은 개발자와 기획자와 데이터 과학자를 만나 그들의 목소리를 들리게 하고 그들의 존재감을 드러내는 것이었습니다. 연세대 문화인류학과의 이지은 선생님과 함께한 이 연구는 『한국여성학』에 「인공지능 윤리를 넘어: 위치지어진 주체로서의 개발자들과 페미니스트 인공지능의 가능성」이라는 논문으로 발표되었습니다.

저희는 챗GPT 같은 생성형 인공지능이 세상을 놀래기 전, 인공지능 챗봇 '이루다'의 혐오·차별 발언이 물의를 일으킨 후 인공지능 윤리가 관심을 받던 시기에 연구를 시작했어요. 자연어 처리 인공지능 관련 스타트업 개발자, IT 대기업의 개인화 추천 알고리듬 개발자, 스타트업 언어 데이터 과학자, 인공지능 챗봇 스타트업 서비스 기획자 등을 만났는데 모두 2, 30대였습니다.

이분들은 모두 자신이 만드는 인공지능 서비스의 사회적인 영향력에 대한 고민이 많았어요. 자신이 만든 인공지능 챗봇이 혐오 발화를 하지 않을까, 자신이 만든 데이터와 알고리듬이 누군가를 차별하지 않을까 하는 고민이었죠. 인공지능 윤리가 한창 관심 받던 시기라 개발자의 윤리의식이 중요하다는 이야기가 많이 나온 시기였습니다.

우리는 인공지능 윤리라는 뜨거운 화두를 둘러싸고 터져 나오는 말들에 개발자는 윤리의식을 결핍한 존재라는 전제가 있지 않은지 의심했습니다. 그리고 그런 결핍 모델보다는 이미 윤리적인 문제의식과 더 나은 기술을 만들 잠재력이 있는 개발자가 (비록 소수라도) 분명히 존재한다는 사실에 주목해야 한다고 생각했어요. 그러니까 개발자들이 인류 최고의 인공지능을 만들기 위해 필요한 것은 그들이 결여한 윤리의식을 가르쳐 주는 외부 전문가도, 실제로는 큰 도움이 되지 않는 추상적인 윤리 지침도 아닌 것이죠. 그보다는 이미 잠재성을 가진 개발자들이 더 좋은 실천을 할 수 있는 구체적인 방법을 찾고 그 과정에서 생긴 문제를 함께 고민하는 것이 필요하다고 봤습니다.

저희가 인터뷰한 개발자들이 기술의 사회적 영향력과 윤리를 고민하게 된 이유는 인공지능 윤리 교육이나 회사의 윤리 규정 때문이 아니었습니다. 그보다는 오히려 그들이 최근 대중화된 페미니즘 세례를 받은 여성이거나 소수자였다는 점, 즉 그들이 한국 사회에서 여성이나 소수자로서 위치지어진 경험을 했다는 점이 주요하게 작용하는 것으로 보였습니다. 이것이 저희가 이 연구 논문의 제목을 '위치지어진 주체로서의 개발자'라고 표현한 이유입니다.

인공지능 윤리가 여성과 소수자를 차별하거나 배제하지 않는 가치를 포함하는 것이라면 그런 차별과 배제를 경험하도록 위치지어진 개발자들이야말로 그런 경험이 없는 개발자들이 포착하지 못한 문제를 발견하고 해결책을 찾을 가능성이 있지 않을까요? 그래서 인류 최고의 인공지능을 만드는 데는 개발 인력의 다양성이 중요합니다. 이런 사례와 이런 개발자의 존재를 드러내는 것이 제 일입니다.

저는 인공지능 업계뿐 아니라 다양한 과학기술 분야에 있는 여성 대학원생들도 만났습니다. 이번에는 서울대 과학학과의 김도연 선생님과 함께한 연구입니다. 이 연구의 참여자는 전원 스스로 페미니스트라고 생각하는 20대 여성이었고 네 번에 걸쳐 함께 만나면서 차별 경험부터 과학 지식의 편향성과 페미니스트 과학 실천까지 두루 이야기를 나눴습니다.

젠더 연구 분야 학술지 『젠더와 문화』에 실은 논문의 제목에 쓴 것처럼 이분들이야말로 "실험실의 페미니스트들"이었어요. 집담회를 통해 기성 세대 여성 과학자들이 겪은 성차별에 더해 이공계 내 페미니스트에 대한 혐오와 차별이 존재한다는 것을 알았습니다. 그럼에도 이 여성 페미니스트 과학자들은 자신들이 속한 분야의 과학기술에 내재된 편향과 고정관념에 강한 문제의식이 있으며, 실험실 안팎에서 다양한 지적 실천과 사회적 실천을 통해 그 편향과 고정관념을 바로잡으려고 노력한다는 사실도 알게 됐어요. 이런 페미니스트 여성들이 이공계에서 다수나 주류가 아니기에 그들의 존재를 드러내는 일은 반드시 필요한 일이 됩니다.

이 연구를 하면서 가장 기억에 남은 순간은 연구 참여자들이 저희가 연구를 위해 마련한 집담회에서 힘을 얻었다고 말했을 때입니다. 모임을 통해서 지금 과학계의 관행에 익숙해지지 않고 페미니스트 과학 하기, 페미니스트 과학자로 살기가 자신의 목표라는 점을 되새길 수 있어서 좋았다는 겁니다. 자신과 목표를 공유하는 사람이 세 명만 돼도 이렇게 큰 힘이 된다니 놀랍고 감동적이죠! 여러분도 꼭 이루고 싶은 목표가 있다면 우선 딱 세 명의 동료를 찾아보세요! 이 연구를 하면서 저도 되새겼어요. '그래, 우리 일의 미래는 혼자 만드는 게 아니지. 나와 비슷한 미래를 꿈꾸는 사람들과 함께하는 게 그 미래를 만드는 최고의 방법이지!' 이 책도 그런 것 같아요. 저와 여러분이 꿈꾸는 미래를 공유하고 '그래, 우리 일의 미래가 이런 거야' 하면서 힘을 내서 또 갈 길을 가는 거죠.

인류 최고의 과학을 만들 시민에게 보내는 초대장

이제 이 연장선에서 제 일의 미래인 새로운 프로젝트 소식을 전하려고 합니다. 처음에 부산 이야기를 꺼낸 김에 이렇게 표현해 보고 싶어요. 여러분을 부산의 관광객으로 초대하기보다는 부산의 시민이 되길 요청하는 프로젝트라고요. 여러분을 과학의 시민이 되게 하는 과학 이야기를 쓰려는 계획입니다.

저를 이렇게 소개해 주셨죠. 과학자와 동행하는, 과학의 곁에 머무는 연구자라고요. 제 곁에 있는 과학자는 유명한 과학자, 위대한 천재 과학자가 아닐 수도 있어요. 저는 오히려 평범한 과학자와 동행하고 싶습니다. 그 과학자가 매일 하는 일이 눈에 띄거나 화려하게 포장되지 않아도 우리가 과학이라고 부르는 것이며, 지금보다 나은 과학을 만들어 가는 일이라고 믿기 때문입니다. 그리고 여러분이 그분들을 만날 자리를 마련하는 것이 제 일이라고 생각합니다. 그래서 과학자와 과학의 현장에 머물면서 제가 보고 듣고 생각하고 겪은 것을 여러분에게 전하고 싶습니다.

일단 이 프로젝트에 '목격'이라는 가제를 붙여 봤습니다. 가제를 보고 눈치채셨는지 모르겠는데, 페미니스트 과학기술학자 도나 해러웨이(Donna Haraway)의 영향을 많이 받았어요. 해러웨이가 1997년에 쓴 책이 『겸손한 목격자(Modest Witness)』입니다. 사실 과학자들이야말로 겸손한 목격자들이죠. 무대 위에 객관적인 지식을 세우고 과학자 자신은 겸손하게 무대 뒤편으로 몸을 숨깁니다. 그런데 그렇게 몸을 숨김으로써 자신이 만든 지식이 자신의 이해관계나 자신이 속한 사회의 가치와 무관하고 그런 것들을 초월한다는 허구적 객관성을 얻게 된다면 과연 겸손하다고 말할 수 있을까요?

해러웨이가 그랬듯 저를 포함하여 이 프로젝트를 함께 만들어 갈 연구자들은 이런 식의 겸손에 의문을 품습니다. 그럼 진짜 겸손한 목격자들은 어떻게 지식을 만들까요? 이 질문은 새로운 프로젝트의 문제의식과 직결됩니다. 이 프로젝트의 문제의식은 페미니스트 과학기술학의 계보에 뿌리를 두고 있습니다. 도나 해러웨이가 『영장류, 사이보그 그리고 여자(Simians, Cyborgs, and Women)』에서 제안한 "위치지어진 지식", 샌드라 하딩(Sandra Harding)이 『누구의 과학이며 누구의 지식인가(Whose Science? Whose Knowledge?)』에서 주장한 "강한 객관성", 이블린 폭스 켈러(Evelyn Fox Keller)가 『생명의 느낌(A Feeling for the Organism)』에서 보여 준 비인간과의 관계 등이 이 프로젝트가 기대고 있는 주요 개념입니다.

제가 이 개념들을 어떻게 이해하고 쓰는지 간략히 설명해 보겠습니다. "위치지어진 지식"은 앞에서 '위치지어진 주체로서의 개발자' 연구를 소개했기 때문에 어느 정도 감을 잡으셨을 것 같아요. 과학자든 과학자를 연구하는 과학기술학자든 누군가가 생산하는 지식은 그 지식을 생산한 주체와 생산과정에 개입된 사물과 실천을 초월하는 뭔가가 될 수 없다고 생각해요. 해러웨이는 모든 지식이 부분적인(partial) 지식이라고 말합니다. 신이 만든 지식이 아니라면 말이죠. 이 부분성이 지식을 생산한 주체와 실천의 특정한 위치성을 가리킵니다.

이 위치성과 연결되는 것이 하딩의 "강한 객관성"이죠. 객관성이 강하다니, 그럼 약한 객관성도 있나? 네, 맞습니다. 하딩에게 부분성(partiality)이나 위치성(situatedness)을 삭제한 지식은 약한 정도로 객관적일 뿐입니다. 무대 위에 지식만 올려 두고 나머지는 무대 뒤로 치워 버리는 '겸손한 목격자'가 얻을 수 있는 객관성이 약한 객관성입니다.

사실 하딩은 부분성이나 위치성보다 입장(standpoint)이라는 말을 선호합니다. 하딩의 페미니스트 입장 이론에 따르면, 여성과 같이 주변화된 이들의 삶에서 시작된 연구가, 이를테면 백인 남성의 삶에서 시작한 연구보다 객관성이 더 강한 지식을 생산할 수 있어요. 백인 남성이 만든 지식은 언뜻 중립적으로 보이지만 그들의 특권화된 삶을 떠받치는 성차별주의나 백인중심주의에 편향된 지식이기 때문에 오히려 여성과 같이 사회적으로 주변화된 집단의 경험이 더 포괄적이고 비판적인 인식을 가능하게 한다는 거죠. 백인 남성이 주로 생산한 기존 지식은 사실 백인 남성이라는 특정 집단의 입장에 기반한 지식일 뿐인데, 이걸 보편적이라고 여겼을 뿐인 것입니다.

그래서 이 프로젝트는 연구자의 위치성이 살아 있는 연구, 강한 객관성이 있는 지식의 생산을 지향합니다. 여기서 위치성은 연구자의 성별이나 인종, 계급과 같은 정체성이나 배경에 국한되지 않아요. 내 지식이 나의 어떤 경험과 관계 맺기의 궤적 속에서 그리고 어떤 현장에서 어떤 실천을 통해서 생산되는가가 내 지식의 위치성이죠. 위치성을 연구 밖의 암묵적 지식이나 연구자 안에 갇힌 성찰의 영역에 두지 않고 연구에 포함해서 명시적 지식과 연구자의 지식 생산 영역에 속하게 하는 것이 이 프로젝트의 지향점입니다. 다시 말해, 연구의 최종 생산물뿐만 아니라 생산과정까지 기술하는 겁니다. 생산과정까지 보여 주는 지식이 그것을 숨기는 지식보다 더 객관적이죠. 그래서 더 믿을 수 있습니다!

끝으로, 지식의 생산과정을 보여 준다는 것은 '비인간' 존재와 그 비인간과 관계 맺기를 드러내겠다는 것과 같습니다. 비인간은 유기체일 수도 있고 실험 도구나 관측 장비 같은 기계일 수도 있어요. 디지털 카메라일 수 있고 책일 수도 있습니다.『생명의 느낌』은 켈러가 여성 유전학자이자 노벨상 수상자인 바버라 매클린톡(Barbara McClintock)의 연구 방법을 묘사한 표현이자 그가 쓴 매클린톡 평전의 제목입니다.

이 책에서 켈러는 매클린톡이 옥수수 유전자를 연구하면서 식물과 깊은 교감을 나눴다는 데 주목했어요. 한때는 매클린톡이 연구 대상인 옥수수에게 품은 친밀한 감정이 여성 과학자의 여성성을 본질화한다는 비판이 제기되었습니다. 그런데 최근 포스트휴머니즘과 신유물론 등이 공유하는 탈인간중심주의 관점에서 봐도 켈러의 묘사는 완전히 재평가되어야 합니다. 어쩌면 하딩의 페미니스트 입장 이론이 간과한, 과학 지식의 생산에서 너무나도 중요한 연구 대상인 물질과 연구자의 관계에 주목한 것이니까요.

그렇게 보면 '생명의 느낌'에서 '느낌'이란 여성성과 본질적으로 연결되는 감성 같은 것이 아니라 과학자가 생명과 맺는 관계를 뜻하는 표현이 됩니다. 과학 현장을 연구하는 사람으로서는 실험실의 사물과 야외의 자연물 그리고 측정과 관찰에 쓰는 도구 같은 비인간과 과학자가 맺는 관계에 대해 기술하는 일을 빼놓을 수 없겠죠.

요컨대 이 프로젝트에 담아낼 과학은 초월적이고 보편적인 지식이 아니고, 과학적 방법론이라는 좁은 의미의 객관성에만 의존하지 않으며, 위대한 천재 과학자도 아니지만 그렇다고 과학자 인간만 주인공인 것도 아닌 과학으로 그려질 것입니다. 이와 더불어 이런 과학 이야기를 하는 과학기술학자의 위치성을 드러냄으로써 이 이야기를 더 믿을 수 있게 할 테고, 그 이야기 속에는 인간만이 아니라 현장에 있는 다양한 존재들이 등장할 거예요. 결국 지금보다 더 나은 과학, 인류 최고의 과학을 만들기 위해 필요한 이야기는 이런 것이 아닐까요?

이 야심 찬 프로젝트를 저 혼자 할 수는 없습니다. 한국에서 처음으로 '현장연구(fieldwork)'라는 인류학적 방법론을 도입해 철새 도래지, 경락을 연구하는 물리학 연구실, 자폐아를 돌보는 어머니 커뮤니티, 성형외과 현장을 연구한 성과를 담은『겸손한 목격자들』의 저자 김연화, 장하원, 성한아, 세 분과 함께합니다. 과학의 현장에 연루되어 그 현장을 목격하고 그 현장의 요구에 응답하는 연구를 하는 분들을 모으는 작업을 함께 시작하려고 합니다.

저희는 스스로를 한국의 2세대 과학기술학자라고 부릅니다.『겸손한 목격자들』이라는 책 자체가 2세대 과학기술학자들의 선언문과 같습니다. 2세대가 1세대와 다른 점을 보면, 무엇보다 저희에게는 과학기술학자 외에 다른 이름이 없습니다. 지도 교수님이나 수업에서 저희를 가르쳐 주신 교수님들은 기본적으로 과학사학자나 기술사학자, 사회학자, 인류학자 등으로도 불리셨어요. 대개 서구권 대학에서 학위를 받으셨고요. 하지만 저희는 그렇지 않다 보니 과학기술학이란 무엇이며 과학기술학자의 일이란 또 무엇인지 스스로 찾아 나갈 수밖에 없는 상황이었죠. 우리를 가르치고 연구자로 훈련시킨 분들과는 이런 고민을 나누기 어려웠습니다.

저희 넷은 비슷한 시기에 같은 공간에서 과학기술학자로 교육받고 훈련받으면서 이 질문을 공유하게 되었고 치열하게 답을 찾아왔습니다. 저희끼리는 저희 모임을 '해러웨이랩'이라고 불렀어요. 해러웨이를 좋아할 수밖에요. 저희는 한국 사회에 위치지어진 과학기술학자들이고 한국 사회의 과학 현장에 위치지어진 과학 이야기를 하는 사람들이니까요.

저희의 또 다른 공통점은 모두 현장 연구를 주로 한다는 점이에요. 저희가 연구자로 성장하는 과정에 해러웨이만큼 큰 영향을 준 선배 과학기술학자가 브뤼노 라투르(Bruno Latour)입니다. "행위자를 따라다녀라!" 라투르의 말이 저희의 만트라죠. 저희는 모두 과학을 비판하거나 좋은 과학, 나쁜 과학을 판단하기보다는 과학자와 동행하고 과학의 현장에 연루되기를 마다하지 않으며 현장에서 목격한 바에 응답하려고 애씁니다. 그게 지금보다 더 나은 과학 또는 지금과는 다른 과학을 만드는 데 저희가 이바지할 수 있는 일이라고 생각해요. 더 나은 과학, 다른 과학이 인류 최고의 과학을 만들 거라고 믿습니다.

2025년 2월 22일 릴레이 강연에서 제 바통을 받고 대미를 장식하신 장일호 기자님의 강연 중에 '1인칭 저널리즘'이란 말이 나왔습니다. 제 일의 미래를 구현하려는 프로젝트를 설명할 또 다른 표현이라는 느낌이 들었습니다. '1인칭 과학 이야기' 또는 '1인칭 과학기술학', 어떤가요? 1인칭 저널리즘이 일기장에 글을 쓰듯 내 사적인 이야기를 쓰겠다는 뜻은 아니잖아요. 1인칭이란 표현은 결국 위치성이 지식 생산에 중요함을 인정하는 거라고 이해합니다. 그 덕분에 위치지어진 과학 연구가 어떻게 인류 최고의 과학으로 이어질 수 있는지 한 번 더 강조할 수 있을 듯합니다.

앞서 과학의 관광객이 아닌 과학의 시민을 위한 프로젝트라고 표현했는데요, 저는 인류 최고의 과학을 만들기 위해 진짜 필요한 것은 인류 최고의 과학자가 아니라 더 많은 과학의 시민이라고 생각합니다. 우리가 포함되지 않는 어떤 인류를 위한 과학이 과연 우리에게 최고의 과학일까요? 과학의 시민들이 그 인류에 포함되지 않는다면, 머스크 같은 누군가에게 최고의 과학이 되겠죠. 실리콘밸리의 빅테크 기업에게 최고의 과학이 될 거고요. 서구 백인 남성에게 최고의 과학이 될 겁니다. 머스크에게 최고인 과학은 최소한 저에게는 전혀 최고로 보이지 않아요.

여러분은 어떤가요? 제 생각에 동의하신다고요? 그렇다면 과학을 내버려두면 안 됩니다. 부산의 명소를 찾아가 즐기는 것도 중요합니다. 부산의 발전에 관광객이 중요하죠. 그렇지만 부산에 사는 시민은 어떤가요? 부산 시민에게 최고의 부산은 어떤 부산일까요? 부산의 발전을 위해 살림하고 문제를 해결하는 주체는 시민이죠. 시민의 세금과 투표의 힘일 거예요.

　과학도 마찬가지입니다.『사이언스』가 선정한 10대 과학 연구보다는 연구자의 위치성이 살아 있는 1인칭 과학 이야기에서 여러분 각자의 1인칭 과학 이야기가 뻗어 나갈 수 있을 거라고 믿습니다. 1인칭 과학 이야기, 여러분을 관광객이 아니라 시민으로서 과학에 연루되게 하려는 이 프로젝트를 지켜봐 주세요. '목격'이라는 이름으로 저와 제 동료들이 보내는 초대장을 꼭 받아 주시면 고맙겠습니다.

Q & A

Q 후반부에 여러 개념을 소개해 주셨는데 '위치지어진 지식'과 '강한 객관성'이 언뜻 상반되는 것으로 보입니다. 좀 더 설명해 주시면 좋겠어요. 그리고 선생님께서 하시는 현장 연구에서 현장성이란 무엇을 의미하는지, 현장의 과학자들이 지식을 만들어 가는 과정을 의미하는지 궁금합니다.

A 두 번째 질문에 대해서는 질문하신 분의 말씀처럼 이해하셔도 좋을 것 같아요. 최종 생산물 지식이 아니라 지식의 생산과정이 일어나는 곳이 저희 같은 연구자들이 목격하는 현장이니까요. 현장성을 강조하는 것은 과학 지식 생산의 과정과 과학자의 실천을 기록할 때, 그러니까 과학의 블랙박스를 열었을 때 과학이 만들어지는 현장에 있는 사람뿐만 아니라 동물이나 기계, 심지어 아무것도 아닌 것처럼 보이는 종잇조각까지도 배제하지 않겠다는 의지의 표현입니다. 이미 만들어져서 논문으로 출판되거나 교과서에 실리거나 언론에 보도되는 '과학적 사실'이 되기 전 그것이 사실로 만들어지는 과정은 무대 뒤의 과학이기도 하지만 과학의 무대 자체가 만들어지는 과정이기도 하죠.

여기에서는 과학 지식이 생산되는 현장을 주로 강조했지만 과학 지식이 유통되거나 이용되는 현장도 중요합니다. 그런 경우 현장이 실험실이 아니라 병원이거나 집일 수 있고, 과학자가 아닌 전문가나 비전문가 들을 따라다녀야 할 수도 있습니다.

이제 상반되는 듯 보이는 두 개념에 대해서 말씀드릴게요. 해러웨이가 모든 지식은 부분적인 지식이라고 한 것처럼, 위치지어지지 않은 지식은 없다고 생각합니다. 인간이 만든 모든 지식은 위치지어진 지식이죠. 결국 그 위치성을 겸손하게 드러내는가, 겸손하지 않게 감추는가에 따른 차이만 있다고 생각해요. 위치지어진 지식과 강한 객관성이 상반된 것으로 보이는 이유는 위치성이 객관성을 해친다는 믿음에 있다고 봅니다. 우리가 오랫동안 그렇게 믿었을 뿐입니다. 모든 지식이 위치지어지는데 그 위치성을 숨겨야 비로소 객관적인 지식이라는 이름을 얻을 수 있다면, 그 객관성에 계속 큰 의미를 부여하는 것이 옳은가? 이렇게 물어야 한다고 봅니다.

그렇다고 위치성을 숨긴 과학이 아예 객관적이지 않다는 뜻은 아닙니다. 다만 과학계에서 합의한 절차나 방법론을 잘 따른 정도의 연구는 약한 객관성만 있다고 보는 거죠. 어떤 세포의 현미경 사진에서 누가 봐도 세포분열이 보인다면 객관적인 관찰이겠죠. 그런데 그 현미경 사진을 보게 되기까지 과학자가 연구 질문을 설정했을 테고 만약 정부의 연구비를 받는 연구라면 어떤 국가적, 사회적 필요에 부응하는 연구 계획서를 썼을 겁니다. 연구비를 받지 않았어도 그 과학자가 연구 의제를 설정하는 데 아무런 가치나 이해관계도 작동하지 않았을 리 없어요. 그 과학자가 미국의 국립보건연구원 소속 박사후연구원이라든가 대한민국 부산의 대학에서 실험실을 운영하는 교수라든가 하는 정체성이 그 과학자의 연구에 영향을 주지 않을 리 없고요.

과학의 이런 위치성을 드러내는 것이 객관성을 해치는 것이 아니라 오히려 그 과학에 더 높은 수준의 객관성을 부여한다고 생각합니다. 마찬가지로, 제 연구도 과정까지 결과에 포함해야 독자들이 제가 만든 지식을 더 믿을 수 있을 거라고 생각합니다.

―――

Q 젠더 이슈에 집중하게 된 계기가 있나요? 과학과 젠더가 아주 가깝게 붙는 사이는 아니잖아요?

A 좋은 질문을 해 주셔서 고맙습니다. 저의 위치성을 보여드릴 기회를 주셨어요. 지극히 개인적인 이유에서 출발했어요. 제가 지금은 과학자가 아닌 과학기술학자지만 저도 한때 과학자가 되고 싶었어요. 그렇게 과학자의 꿈을 키우는 과정에서 결국 그 길 밖으로 나서게 된 이유는 제가 과학계의 소수자인 여성이라는 사실을 빼놓고 말할 수 없어요.

그런데 제가 여성으로서 과학자가 되기를 포기한 것과 과학기술학자로서 젠더 관점으로 과학을 연구하게 된 것은 좀 구분할 필요가 있어요. 과학도였다가 경로를 이탈한 것은 과학자가 될 자격이 충분해 보이는 남학생들과 다르다고 생각했기 때문이지, 과학 지식이 성 편향적이어서는 아니거든요. 오히려 객관적이고 가치중립적인 과학을 하기에는 제가 너무 여성적인 것이 문제였달까요?

이렇게 볼 때 과학기술학자로서 젠더 관점으로 과학을 연구하게 된 것은 제가 과학자가 되기를 포기한 이유가 틀렸다는 사실을 깨달으면서부터예요. 제가 여자라는 것이 문제가 됐다는 것 자체가 문제라고 깨달았죠. 그리고 과학이 충분히 객관적이지 않고 전혀 가치중립적이지 않다는 것, 과학의 역사 속에 지식의 대상이나 주체로서 여성을 차별하고 배제한 사례가 너무나 많다는 것을 알게 됐고요.

그런 후 놀랍게도 저 자신이 문제가 아니라는 것을 깨닫고 나서야 비로소 과학을 진짜 사랑하게 됐습니다. 과학이 객관적이지도 가치중립적이지도 않다는 것을 알고 나니 오히려 자연과 세계를 이해하기 위해 애썼고 지금도 애쓰고 있는 과학자들이 보였습니다. 그 과학자들 중에는 차별과 배제의 벽을 조금씩 무너뜨리며 앞으로 나아가는 여성들이 있고요. 그런 존재들을 알았기에 앞서 보셨듯 이공계 여성들에게 계속 마음이 가고 그래서 이들의 존재를 드러내 보이는 연구를 했습니다. 이들이 겪는 문제가 우리 과학을 인류 최고의 과학으로 만들기 위해 반드시 해결해야 할 문제라는 강한 확신을 품은 채 연구하고 있습니다.

기획의 변

'출판하는 언니들' 두 번째 프로젝트『우리 일의 미래』는 우리를 둘러싼 세계의 '방향'을 바라보자는 제안입니다.

이 책을 기획한 '언니들'은 1970년대 초반에 태어나 1990년대 중후반부터 30년 넘게 일을 하고 있습니다. 그렇지만 일과 미래는 여전히 어려운 주제입니다. 늘 불안을 딛고 서 있습니다. 하지만 불안을 들여다보기만 해서는 해결이 될 리 없습니다.

두 번째 프로젝트는 바로 그 지점에서 출발했습니다. '나'와 '너' 모두의 공통분모인 불안에서 눈을 떼고 우리가 속한 세계가 향하고 있는 '방향'을 함께 바라보자는 제안입니다.

이번 프로젝트의 주요 키워드는 '우리', '일', '미래'입니다. 이 키워드를 말풍선처럼 머리 위에 띄우고 각자 속한 세계에서 지금 현재 치열하게 일하는 분들을 떠올렸습니다.

'목수책방' 전은정은 자연이 지닌 작고 부드러운 힘에 주목하며 새로운 정원의 가능성을 제시하는 정원가 김봉찬을, '가지' 박희선은 하루에도 한두 번은 꼭 듣는 기후위기 속에서 생명 탐구의 중요성을 강조하는 조류학자 박진영을, '혜화1117' 이현화는 '우리'의 본령인 책과 출판의 세계에서 변혁의 가능성을 끊임없이 탐색하는 출판평론가 한미화를 생각했습니다. '메멘토' 박숙희는 새로운 방식으로 작동하는 뉴스 생태계에서 여전히 좋은 기사의 힘을 믿는 기자 장일호와 페미니스트의 시선으로 동시대의 고민을 놓치지 않고 전방위로 보폭을 넓히고 있는 문화비평가 손희정을, '에디토리얼' 최지영은 과학과 기술에 대한 기대와 책임이 더욱 커진 시대에 더 바람직한 과학기술의 자리를 마련하고자 기꺼이 그 동행자를 자임하는 과학기술학자 임소연을 꼽았습니다.

여섯 분의 글로 책을 만들면서, 글 속의 세계 너머 '내 일의 방향'을 바라보는 저자들의 시선을 좇다가, '우리 일의 미래'를 함께 상상하게 된 것은 편집자로서 먼저 거둔 수확이었습니다.

'우리' '일'의 '미래'는 어느 날 하늘에서 뚝 떨어지는 게 아니라 꾸준히 걷는 길 위에서 만나는 것임을 늘 생각합니다. 그 길을 걷는 동안 이 책을 힌트로 삼는 분이 계신다면 보람이 아닐 수 없겠습니다.

2024년 여름, 서울국제도서전을 앞두고 시도한 첫 번째 프로젝트 『언니들의 계속하는 힘』에 관심 가져 주신 분들께 감사를 전합니다. 덕분에 두 번째 프로젝트를 시도할 용기를 얻었습니다.

2025년 여름, 서울국제도서전을 앞두고
출판하는 언니들

우리 일의 미래
―6개 분야 대표 전문가에게 듣는 우리 세계, 내 일의 전망

초판 1쇄 발행 2025년 6월 18일

지은이	김봉찬·박진영·손희정·임소연·장일호·한미화
기획 및 편집	출판하는 언니들
촬영	최성열
교정	김정민
디자인	스튜디오 폼투필

펴낸이	박숙희
펴낸곳	메멘토
신고	2012년 2월 8일 제25100-2012-32호
주소	서울시 은평구 연서로26길 9-3(대조동) 301호
전화	070-8256-1543
팩스	0505-330-1543
전자우편	memento@mementopub.kr

ⓒ김봉찬·박진영·손희정·임소연·장일호·한미화
ISBN 979-11-92099-44-6 (03040)

이 책은 저작권법에 따라 보호받는 저작물이므로
무단전재와 복제를 금합니다.

이 책의 내용 및 이미지를 이용하려면
반드시 저작권자와 메멘토의 동의를 받아야 합니다.

잘못된 책은 구입하신 서점에서 바꿔 드립니다.
책값은 뒤표지에 있습니다.